职业教育·城市轨道交通类专业教材

城市轨道交通
服务礼仪

主　编　王小娟

副主编　丁　楠　高　蓉　杨建灵

主　审　苏　旭

人民交通出版社

北　京

内 容 提 要

本书为职业教育城市轨道交通类专业教材。本书的编写立足于城市轨道交通行业的实际需求，内容涵盖了服务礼仪的方方面面，包括礼仪概述、职业形象、仪态规范、沟通技巧以及服务流程等，主要内容有：礼之源——探索城市轨道交通服务礼仪内涵、仪之美——塑造城市轨道交通职场形象、仪之态——规范城市轨道交通服务仪态、仪之言——提升城市轨道交通服务沟通技巧、仪之行——践行城市轨道交通优质服务。

本书为职业院校城市轨道交通类专业教材，也可作为城市轨道交通行业服务礼仪培训用书，以及相关从业人员参考用书。

* 本书配套丰富的教学资源，课件、教案、课程标准、习题及答案仅向任课教师提供。请有需求的任课教师通过加入职教轨道教学研讨群(教师专用 QQ 群：129327355)获取。

图书在版编目(CIP) 数据

城市轨道交通服务礼仪/王小娟主编 . —北京：

人民交通出版社股份有限公司，2025.7. —ISBN 978-7-114-20474-6

Ⅰ. F530.9

中国国家版本馆 CIP 数据核字第 2025TS2170 号

职业教育·城市轨道交通类专业教材
Chengshi Guidao Jiaotong Fuwu Liyi

书　　　名	城市轨道交通服务礼仪
著 作 者	王小娟
责任编辑	滕　威
责任校对	赵媛媛　魏佳宁
责任印制	张　凯
出版发行	人民交通出版社
地　　　址	(100011)北京市朝阳区安定门外外馆斜街 3 号
网　　　址	http://www.ccpcl.com.cn
销售电话	(010)85285911
总 经 销	人民交通出版社发行部
经　　　销	各地新华书店
印　　　刷	北京市密东印刷有限公司
开　　　本	787×1092　1/16
印　　　张	11.5
字　　　数	185 千
版　　　次	2025 年 7 月　第 1 版
印　　　次	2025 年 7 月　第 1 次印刷
书　　　号	ISBN 978-7-114-20474-6
定　　　价	48.00 元

(有印刷、装订质量问题的图书，由本社负责调换)

PREFACE | 前言

教材背景

随着城市轨道交通行业的快速发展，服务质量和管理水平已成为衡量行业竞争力的核心要素。作为城市公共交通的重要组成部分，城市轨道交通不仅承载着乘客的安全出行，更肩负着塑造城市形象、提升市民幸福感的重要使命。在此背景下，服务礼仪作为提升服务质量、展现企业形象的关键环节，正日益受到行业的高度重视。

本教材的编写紧密结合城市轨道交通行业的实际需求，内容涵盖从车站服务到运营管理的各个方面，以及从业人员的职业形象塑造、专业仪态规范和高效沟通能力培养，实现了从基础理论到岗位实操的全维度覆盖。本教材既能满足一线员工提升服务能力的需求，也能为职业院校提供产教融合的标准化培养方案，搭建起从理论学习到职业胜任的桥梁。

教材特色

1. 立德树人贯穿始终，德技并修有机融合

本教材以学习发展为中心，将价值引领与文化浸润与实践养成相融合，采用"技能"与"素养"双考核机制，量化职业素养评价标准，既注重培养"精技强能"的从业者，更注重塑造"德技并修"的时代新人。

2. "OBE 成果导向"为设计理念，构建"职业素养-实践能力"双螺旋体系

通过目标驱动、能力迭代和评价反馈机制，实现学生"知识-技能-素养"复合能力的提升。基于行业岗位能力需求，明确教材的核心学习成果，反向设计项目内容与实训任务；每个项目均设置"素养-能力"耦合点，比如在学习"特殊群体服务礼仪"时，同步植入"公平服务"伦理讨论；破解传统礼仪教育"重形式轻内核""知能分离"的痛点，实现"素养内化于心、技能外化于行"的复合型服务人才培养目标，为职业教育"三教"改革提供创新范式。

3. 校企合作编写，对接职业能力

本教材得到了北京市地铁运营有限公司（简称北京地铁）的大力支持。编者通过对北京地铁、成都地铁等相关企业的深度调研，把岗位要求、企业规范和行业发展内容融入教材之中，对教材的结构和内容进行了梳理，使得内容更加翔实、知识更加全面、体系更加规范。比如项目五中的"构建车站人员服务标准"完全是依据现行地铁服务标准编制的。

为了确保质量，邀请了成都地铁运营有限公司的专家苏旭对全书内容进行了细致审阅。

4. 教学设计先进，教学资源丰富

本教材针对职业院校学生特点，采取"项目-任务"编排方式，各项目之间既相互独立，又相互联系，学习形式灵活多样。每个任务后均附"任务考核"，从任务描述、任务准备、任务实施到任务评价，全面检验学习效果，提升综合素养；本教材配套国家级教学资源库在线课程，方便教师开展"线上＋线下"混合式教学，为学习者构建了立体化的学习空间。

在线课程

教材编写团队

本书由北京交通运输职业学院王小娟担任主编，北京交通运输职业学院丁楠、高蓉、杨建灵担任副主编，成都地铁运营有限公司苏旭担任主审。具体分工如下：王小娟编写项目一，王小娟和成都地铁运营有限公司贺思豪共同编写项目二；丁楠编写项目三；高蓉和北京交通运输职业学院张新媛编写项目四；杨建灵和北京交通运输职业学院梁因编写项目五；北京交通运输职业学院张景霞、马娜和曲秋莳负责任务考核单的设计及课件的制作。

致谢

本教材的出版得到了人民交通出版社、城市轨道交通相关企业及北京交通运输职业学院等单位的大力支持，在此一并致谢。在编写过程中参阅了大量专业书籍、杂志上的专题文章、专业电子期刊和相关城市轨道交通企业官网信息，在此向相关作者表示衷心感谢。

由于编者水平有限，书中难免有疏漏或错误之处，恳请广大读者批评指正。

编　者
2025 年 4 月

本教材配套数字资源列表

资源使用说明：

1. 扫描封面二维码，注意每个二维码只可激活一次；

2. 长按弹出界面的二维码关注"交通教育出版"微信公众号并自动绑定资源；

3. 微信公众号弹出"购买成功"通知，点击"查看详情"，进入后即可查看资源；

4. 也可进入"交通教育出版"微信公众号，点击下方菜单"用户服务—图书增值"，选择已绑定的教材进行查看。

序号	资源名称	资源类型	所在页码
1	城市轨道交通客运服务人员仪容修饰要求（男）	二维动画	035
2	城市轨道交通客运服务人员仪容修饰要求（女）	二维动画	035
3	化淡妆的步骤	视频	040
4	男士正装穿着规范	二维动画	059
5	女士正装穿着规范	二维动画	063
6	站姿基本要求及禁忌	视频	082
7	坐姿基本要求及禁忌	视频	087
8	行姿基本要求及禁忌	视频	096
9	蹲姿基本要求及禁忌	视频	101
10	微笑服务的要求	二维动画	113
11	交谈礼仪	二维动画	124
12	电话礼仪	视频	129
13	服务用语要求	二维动画	151
14	特殊乘客服务要求（1）	二维动画	155
15	特殊乘客服务要求（2）	二维动画	155
16	站台岗岗位职责	二维动画	168

CONTENTS 目录

项目一

礼之源——探索城市轨道交通服务礼仪内涵

项目说明

本项目聚焦礼仪、职业道德与城市轨道交通服务规范这三大核心内容，阐述其在城市轨道交通服务中的实践意义。项目强调礼仪在促进社会和谐、塑造文明形象中的核心作用，明确职业责任感、诚信意识、协作精神等六大道德准则，解析服务的无形性、同步性等特征，规范仪容仪表、沟通技巧、行为标准。引导学员理解礼仪的文化内核，恪守职业道德，最终将"律己敬人"的原则转化为优质服务，从而助力城市轨道交通行业的高质量发展。

本项目的思维导图如下。

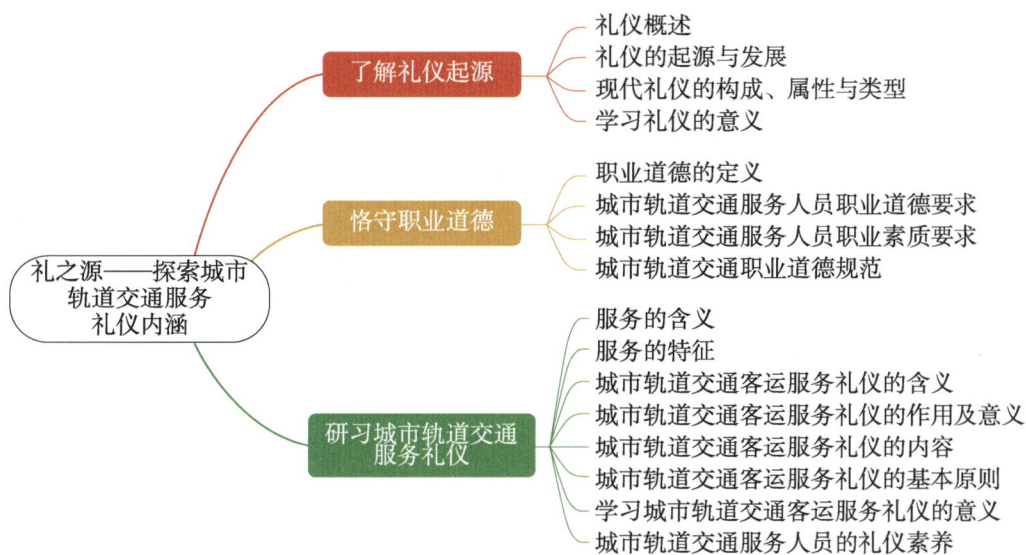

礼之源——探索城市轨道交通服务礼仪内涵

- **了解礼仪起源**
  - 礼仪概述
  - 礼仪的起源与发展
  - 现代礼仪的构成、属性与类型
  - 学习礼仪的意义
- **恪守职业道德**
  - 职业道德的定义
  - 城市轨道交通服务人员职业道德要求
  - 城市轨道交通服务人员职业素质要求
  - 城市轨道交通职业道德规范
- **研习城市轨道交通服务礼仪**
  - 服务的含义
  - 服务的特征
  - 城市轨道交通客运服务礼仪的含义
  - 城市轨道交通客运服务礼仪的作用及意义
  - 城市轨道交通客运服务礼仪的内容
  - 城市轨道交通客运服务礼仪的基本原则
  - 学习城市轨道交通客运服务礼仪的意义
  - 城市轨道交通服务人员的礼仪素养

教学目标

◎ 知识目标

1. 明晰礼仪的概念、起源与发展历程，熟知古代"五礼"及现代礼仪分类。

2. 掌握现代礼仪的特征，区分政务、商务等不同类型礼仪的特点。

3. 理解职业道德的定义、核心要素及城市轨道交通服务人员职业道德要求。

4. 了解城市轨道交通服务人员职业素质要求及职业道德规范的内涵与特征。

5. 明确服务的含义、特征，掌握城市轨道交通客运服务礼仪的含义与内容。

6. 牢记城市轨道交通客运服务礼仪的基本原则、作用、意义，以及服务人员的礼仪素养要点。

◎ 技能目标

1. 能够在人际交往中准确运用礼仪规范，展现良好的礼貌和礼节。

2. 学会在职业活动中遵循职业道德，解决实际工作中的道德抉择问题。

3. 培养城市轨道交通服务人员主动热情、控制情绪和处变不惊的应对能力。

4. 提升城市轨道交通服务人员运用服务礼仪的能力，优化服务流程。

5. 具备根据不同乘客需求，提供个性化、高质量服务的能力。

◎ 素质目标

1. 培养对礼仪文化和职业道德的尊重与认同，提升文化素养。

2. 增强职业责任感与使命感，树立积极的职业态度。

3. 强化民族自尊心和文化自信，弘扬中华礼仪文化。

4. 养成自律、自省的良好习惯，提高个人道德修养。

5. 塑造热情服务、敬业奉献的职业精神，适应服务行业需求。

案例导入

开创"小煜流星轮"服务品牌

——中国共产党第二十次全国代表大会代表、2022 年全国五一劳动奖章获得者、
上海地铁虹桥火车站车站长高煜

从上海市劳动模范到全国五一劳动奖章获得者，从一名普通站务员到车站长，从一名中共党员到党的二十大代表……投身地铁事业 12 载，上海地铁虹桥火车站车站长高煜踏踏实实，在地铁一线岗位上发挥默默奉献的精神，把"小煜流星轮"服务品牌打造得有声有色，也让这张上海地铁"名片"走进了乘客心里。

2010年，高煜进入上海地铁，被分配到了虹桥火车站站担任一名基层站务员。初入职场，高煜和许多新手一样，经历了不断调整和适应的过程。面对一些不知该如何下手的工作任务，她虚心请教有经验的同事，利用业余时间翻阅有关资料，细心留意并学习身边优秀同事的工作方式，逐步总结出一套适合自己的工作方法。

1座火车站、2个航站楼、20多家联动协调单位，高煜所辖站区中的上海地铁虹桥火车站站是2、10、17号线三线换乘的特大型交通枢纽，客流位居上海地铁全网第二名，日均客流25万人次、日极端客流53万人次，客流复杂程度堪称上海地铁全网第一。12年来，高煜扎根上海虹桥火车站站，与世界级交通枢纽一同成长，完成了多项大客流挑战和站区改造客运组织工作，同时也成为同事口中不辞辛苦、认真负责的站长。

在虹桥火车站另一位站长雷雨的眼中，高煜就像是一位"铁人"，她每个节假日都坚守在一线为乘客提供服务，全年无休。2022年11月，站区迎来第五届进博会带来的大客流。作为2号线的倒数第二站，虹桥火车站站需要为进博会所在的徐泾东终点站做乘客导流工作，高煜和同事们又忙得不可开交。

每当火车到站时，换乘地铁的人流就会陡增，平均每30秒就要解答一次乘客的问询。如何快速地为有需求的乘客解答疑惑，是高煜一直在思考的问题。面对大面积的服务范围和密集的客流，单靠设立固定的服务台帮助乘客解答疑惑收效甚微。于是，她决定"主动出击"，使用电动平衡车进行服务。基于这一想法，高煜很快开创了"走出窗口、主动服务"的特色服务品牌——"小煜流星轮"。

"小煜流星轮"最大的特点是提供流动性的服务，且"站得高、看得远"，遇到找不到路的乘客，高煜和同事们的服务响应速度明显提高。这也是上海地铁首次在地铁站内使用代步工具服务乘客，这一举措将地铁窗口服务效率提升了30%、服务响应速度提升了50%、乘客满意度始终保持在98%以上。

现在，这一模式已在人民广场站、徐泾东站和徐家汇站等多个站点得到推广。

（摘编自《新民晚报》，2022年10月）

引导问题：

该案例体现了城市轨道交通系统员工具备的什么职场礼仪？结合城市轨道交通职业特点，说说城市轨道交通员工还应具备哪些职业道德？

任务一
了解礼仪起源

知识准备

礼仪是人类社会约定俗成的行为准则，由内在的"礼"与外在的"仪"构成，涵盖仪容、仪表、仪态等多个方面。礼仪起源于远古祭祀，历经发展，古代形成了"五礼"体系，现代更强调以人为本。学习礼仪意义重大，它是社会主义精神文明建设的要求，利于建立良好人际关系等。城市轨道交通服务礼仪更是能提升员工个人修养，塑造企业形象，对提升服务质量与推动企业发展至关重要。

一、礼仪概述

1. 礼仪的定义与内涵

礼仪是人类社会生活中形成的一种约定俗成的行为准则，它要求每个社会成员共同遵守。礼仪既体现了"礼"的精神内核，又通过谦让恭敬的言行举止，让交往对象感受到舒适与尊重，最终形成一种稳定社会秩序、协调人际关系的习惯性生活规范。

礼仪分两个层次：内在的尊重叫作礼，外在的表现叫作仪。

2. 礼仪的内容

- 仪容：仪容不止包括人们的妆容，还包含发型、表情和目光。
- 仪表：仪表包括服装、饰物、鞋袜。
- 仪态：仪态包括站、坐、行、蹲、递、鞠、引。
- 礼仪：在职业商务活动中，礼仪分为握手礼、介绍礼、名片礼、拜访礼、电话礼、电梯礼、乘车礼、迎送礼、用餐礼等。
- 仪式：仪式包括签约仪式、升旗仪式等。
- 仪谈：仪谈包括望、闻、问、说。

二、礼仪的起源与发展

中国礼仪体系的形成可追溯至远古时代的祭祀传统，其核心在于通过仪式化的行为表达对天地自然与祖先的尊崇。在早期社会中，古人普遍相信万物有灵，认为天地万物的运行受制于超自然力量，因而以虔诚的祭仪与神灵沟通，祈求护佑与福祉。这种原始信仰逐渐演化为系统的礼仪规范，成为维系社会秩序的重要纽带。据史料记载，古代祭祀活动具有严格的程式要求，从祭品选择到仪式流程，均需遵循特定规则，充分体现出古人对"礼"的高度尊崇。

古代的祭祀活动并非随意举行，而是有着严格的规定和程序。根据《周礼》记载，礼仪被系统地划分为五类，即"五礼"，这五类礼仪构成了中国古代礼仪制度的核心内容，并在后世被不断传承和延续。具体如下。

- 吉礼：这是与祭祀相关的礼仪，旨在祈求吉祥和福祉。它包括对天神、地祇以及祖先的祭祀活动，其中封禅大典是吉礼中最隆重的仪式。

- 凶礼：这类礼仪与丧葬、灾祸等不幸事件相关，如应对水旱灾害、饥荒、战争失败或动乱等情况时所举行的仪式。在凶礼中，丧礼尤为重要，它体现了对逝者的尊重和对生命的敬畏。

- 宾礼：宾礼主要用于主宾相见的场合，如朝拜、会见、会盟等，也涉及国家间外交往来时的礼仪规范，体现了对宾客的尊重和友好。

- 嘉礼：嘉礼是与"喜庆"相关的礼仪，涵盖了登基、册封、婚礼、宴会、颁诏等重要场合，这些礼仪象征着社会秩序的稳定和人际关系的和谐。

- 军礼：军礼是与军事相关的礼仪，包括亲征、遣将、受降、凯旋、大射等仪式，体现了军事行动的严肃性和对军事成就的尊重。

随着时代的发展，礼仪也在不断演变。到了现代，礼仪的内容和形式发生了重大变革。现代礼仪摒弃了古代礼仪中与鬼神信仰相关的部分，转而强调以人为本，注重人与人之间的尊重、和谐与平等。无论是国家政治生活中的礼仪，还是普通民众日常生活中的礼仪，都更加注重实际意义和人文关怀，礼仪已然成为现代文明的重要组成部分。

三、现代礼仪的构成、属性与类型

1. 现代礼仪构成

现代礼仪作为社会交往的规范化行为准则，是以社会共识为基础，通

笔记区

过系统化的行为模式体现对他人的尊重与自我约束的互动过程，涵盖礼节规范与仪式化表达。其核心构成可分为以下三个层次。

- 礼节：是指在特定场景中约定俗成的行为范式，如握手礼、鞠躬礼等，具有明确的操作指引。
- 礼貌：是个体通过语言、姿态传递的谦逊与敬意，反映其内在修养与社会适应能力。
- 礼仪：是整合礼节与礼貌的完整行为体系，强调从形式到内涵的系统性表达。

2. 现代礼仪呈现五大核心属性

- 规范性：具有标准化的行为模式。
- 情境性：适用于特定场景与对象。
- 实践性：强调可操作的行为指南。
- 传承性：保留了传统文化基因。
- 变异性：随时代发展更新其内涵。

3. 现代礼仪的类型

按应用场景来划分，现代礼仪可以分为以下几种。

- 政务礼仪：是国家机关工作人员履职时需遵守的行为规范，体现政府的公信力。
- 商务礼仪：是经济活动中保障合作顺畅的仪式化规则，涵盖商务宴请、签约仪式等。
- 服务礼仪：是服务行业从业者的职业行为标准，强调专业性与客户体验。
- 社交礼仪：是日常人际交往的基础准则，包括私人拜访、宴会接待等场景。
- 国际礼仪：是跨国交往中通行的文化习俗与礼节，注重跨文化尊重与理解。

纵观礼仪形态的古今演变，其始终与社会风俗密切互动，既承载着稳定社会结构、润滑人际关系的实用功能，又兼具传递情感价值、彰显文明程度的象征意义。中华礼仪体系在历史长河中不断演化，既保留着协调尊卑秩序的传统智慧，更发展出促进社会和谐的现代价值取向，形成了贯通个人修为、职业伦理与社会治理的多维文明架构。这种文化基因的延续与创新，深刻印证了"致中和"理念在文明演进中的永恒价值。

笔记区

四、学习礼仪的意义

1. 礼仪在社会主义核心价值观体系中的实践维度

礼仪在社会发展和文明进步中发挥着不可或缺的作用。一个国家的强盛不仅依赖于物质财富的积累，更离不开精神文化的支撑。没有精神内核的国家难以立足于世界之林，而缺乏礼仪修养的民族也难以赢得国际社会的尊重。礼仪修养的高低，从某种程度上反映了一个国家和民族的文明程度，进而影响其发展的进程。因此，重视礼仪具有极为深远的意义。

1）礼仪是社会主义精神文明建设的要求

日常生活中的礼仪实践看似细微，实则承载着深厚的伦理价值。当守礼意识内化为公民自觉时，便升华为民族精神的重要组成部分——它既能在个体层面培育道德情操、塑造健全人格，又能在社会层面强化价值认同、凝聚发展共识。这种润物无声的文明浸润，对维护社会运行秩序、推动可持续发展具有不可替代的作用。

2）礼仪是社会生活中应有的行为规范

现代社会的良性运转依赖于普适性行为准则的建立。从维护公共空间秩序到规范跨文化交流，礼仪构建起兼具约束力与引导性的文明契约。个体通过得体的着装仪容、诚信守时的交往态度展现修养，社会则借助这些可视化符号实现高效协作，最终形成张弛有度的文明生态圈。

3）礼仪有利于建立良好的人际关系

在快节奏的现代生活中，礼仪发挥着独特的社会心理调适作用。一个真诚的微笑可消解陌生人之间的戒备，得体的致歉能转化潜在冲突。这些微观互动如同社会机体的润滑剂，缓解着人际关系的紧张，维系着情感共鸣。

4）礼仪是社交活动的需要

在全球化背景下，礼仪体系成为民族文化身份的重要标识。我们在继承"礼尚往来""以和为贵"等传统智慧的同时，更需构建兼容并蓄的现代礼仪范式：既保持东方礼文化精髓，又吸收国际交往惯例，使中华礼仪既彰显文化自信，又具备全球对话能力。

5）礼仪有助于增强国人的民族自尊心

在全球化的浪潮中，中国的礼仪文化需要与时俱进，与国际礼仪接轨。这不仅意味着要传承和弘扬中华民族的优秀礼仪传统，还要积极吸收

笔记区

世界各民族礼仪文化的精华，形成一套既符合时代精神又具有中国特色的现代礼仪体系。通过这种方式，可以更好地弘扬中华民族的优秀文化，提升国家的文化软实力，使中国以更加自信的姿态屹立于世界民族之林。

2. 城市轨道交通服务礼仪的意义

1）个人修养的提升

城市轨道交通服务礼仪是运营企业员工在工作岗位上，通过言谈、举止等对乘客表示尊重和友好的行为规范。它不仅是服务行业从业者向消费者表达热情、尊敬的一种规范和标准，更是个人素养和风度的外在体现。良好的服务礼仪能够帮助员工在日常工作中更好地与乘客沟通交流，提升自身的内在修养，培养良好的职业素养和服务意识，从而在工作中更加得心应手，为乘客提供更优质的服务。

2）企业形象的塑造

城市轨道交通服务礼仪是城市轨道交通优质服务的重要组成部分，它对提升轨道交通运营企业的形象具有重要意义。在日常运营中，员工的一言一行都代表着企业的形象。通过规范的服务礼仪，员工能够展现出企业的专业性和对乘客的尊重，从而增强乘客对企业的信任和认可。这不仅有助于提升企业的社会声誉，还能吸引更多乘客选择城市轨道交通出行，为企业的可持续发展奠定坚实的基础。

🕐 礼序传家

中国餐桌礼仪是中华文明的重要载体，其核心在于通过规范饮食行为传递"尊重""和谐""共生"的伦理观念。

座次安排上"尚左尊东"，体现长幼有序；转盘取菜"就近不迁回"，彰显谦让之德。筷子作为文化符号，其使用讲究"不立插碗中""不交叉摆放"，传递节制有度、尊重他人的社交准则。席间交流时"食不言"与适度谈笑并存，展现动静相宜的处世智慧。从布菜劝酒时的"让菜不夹菜"，到离席时的"轻放碗筷致谢"，每个细节都在演绎"礼者，天地之序"的文明密码。这些代代相传的礼仪规范，不仅塑造了独特的饮食文化，更在推杯换盏间完成了文化基因的接续，彰显着中华文明的深厚底蕴。

随着时代的发展，当代餐桌礼仪也在继承中创新，如推广公筷公勺以倡导健康理念，提倡"光盘行动"以呼应节俭美德，这些都为传统礼仪赋予了新的时代内涵。

笔记区

任务考核

班级		姓名		学号	
小组分工				日期	
任务描述	掌握礼仪的基本概念、内涵及分类。 任务要求： 结合城市轨道交通服务场景，探讨礼仪在职业行为中的具体应用，并完成考核。				
任务准备	一、判断题 　1. 礼仪是人类社会生活中约定俗成的行为规范。　　　（　　） 　2. 中国古代的"凶礼"主要用于庆祝活动。　　　　　（　　） 　3. 现代礼仪的分类包括政务礼仪、商务礼仪、服务礼仪、社交礼仪和国际礼仪。　　　　　　　　　　　　　　　　　（　　） 　4. 礼仪的传承性是指礼仪会随着时代的发展而不断变化。（　　） 　5. 学习礼仪有助于增强民族自尊心和文化自信。　　　（　　） 二、简答题 　1. 简述礼仪的定义与内涵。 　2. 列举中国古代"五礼"并简要说明其用途。 　3. 结合实际，谈谈学习礼仪对城市轨道交通行业从业人员的重要性。 三、案例分析题 　某城市轨道交通站务人员在工作中遇到一位情绪激动的乘客，乘客因列车延误而大声抱怨。站务人员始终保持微笑，耐心倾听，并使用礼貌用语安抚乘客情绪，最终成功化解矛盾。 　请结合礼仪的相关知识，分析该站务人员的行为体现了哪些礼仪原则，并说明这些原则在服务工作中的重要性。				
任务实施	小组同学互相交流，完成学习成果展示（如思维导图、案例分析报告或角色模拟）。 　小组内互评，小组长打分，并交流经验。				

笔记区 ✎

续上表

任务评价	城市轨道交通礼仪起源成果展示评价表			
	评价项目	评价标准	分值（分）	得分（分）
	知识掌握程度	能准确表述礼仪的定义、起源（五礼）、属性及类型，逻辑清晰	20	
	案例分析能力	能结合古今案例说明礼仪的演变逻辑，分析其社会功能与时代适应性	20	
	实践应用能力	在角色模拟中规范运用礼仪，体现职业场景的适应性	20	
	团队协作与创新	小组分工明确，成果展示形式新颖（如视频、情景剧），内容具有深度与启发性	20	
	反思与总结深度	反思报告能结合个人经历或社会现象，提出礼仪文化的现代价值与发展建议	20	
	合计		100	

笔记区

任务二
恪守职业道德

知识准备

城市轨道交通服务人员的职业道德，是从业人员在职业活动中应遵循的行为准则，涵盖爱岗敬业、诚实守信、服务群众等核心要求。其内涵包括强烈的职业责任感、严守纪律规范、主动服务意识和团队协作能力，强调维护企业形象、保障乘客权益及社会责任。职业素质方面要求从业者具备主动热情的服务态度、良好的情绪管理能力和应急处置素养，以应对复杂多变的运营环境。城市轨道交通职业道德具有全局性、经济影响性和服务广泛性等特征，它既是行业规范个体行为的准则，也是维系社会信任、保障城市运转的重要基石，需通过规范从业理念、提升技能与改进作风，实现服务质量与社会效益的统一。

一、职业道德的定义

职业道德是指从事一定职业的人在职业生活中必须遵循的、具有职业特征的行为模式和道德要求，它是社会的一般道德要求在职业生活中的具体体现。良好的职业道德是每一位员工都必须具备的基本品质。

职业道德的核心要素具体包括以下几个方面。

（1）职业责任感。从业者需具备明确的责任意识，恪尽职守完成岗位任务，对工作成果负责，保障服务对象的合法权益，承担必要的社会责任。

（2）职业诚信。恪守信用是职业伦理的基石。从业者应信守承诺，杜绝虚假行为，避免损害他人利益，积极维护职业声誉。

（3）职业纪律。从业者需严格遵守行业规范及法律法规，依照既定流程和标准执行操作，确保职业行为的合规性与合法性。

（4）职业奉献精神。从业者应秉持服务导向的奉献精神，以服务对象需求为核心，主动提供优质服务，在职业付出中超越个人利益考量。

（5）职业协作能力。从业者在团队中建立有效协作模式，尊重同事的专业价值，通过相互支持实现工作目标，提升团队整体效能。

（6）职业学习与创新。从业者应保持持续学习的态度，不断提升专业能力与知识水平，同时具备创新意识，推动工作方法和服务模式的革新优化。

二、城市轨道交通服务人员职业道德要求

爱岗敬业、诚实守信、办事公道、服务群众、奉献社会是社会主义职业道德的基本要求。城市轨道交通行业职业道德的基本要求主要体现在以下六个方面。

1. 爱岗敬业、勇于奉献

服务人员要热爱并专注于城市轨道交通事业，有较强的责任心，品行端正，具有良好的心理素质，时刻将公司利益、岗位责任放在首位，不因私利而损公，甘于为城市轨道交通事业奉献才智。

2. 遵纪守法，恪尽职守

服务人员需遵守国家宪法、法律和法规，遵守公司各项规章制度及劳动纪律。在工作中恪尽职守，不利用岗位之便谋取不正当利益。

3. 主动服务，热情细致

服务人员应以乘客为中心，在工作中应时刻牢记"乘客至上、服务至微"的服务理念，不断深化服务内涵，提高服务素质。待客要主动热情，于细微处体现服务真情。

4. 严守流程，规范执岗

服务人员应严格遵照岗位流程开展工作，规范执岗形象和岗位流程。

5. 维护企业，忠于职守

服务人员要热爱企业，忠于职守，自觉塑造企业形象，保障企业利益，维护企业声誉，深刻理解并认同企业文化，自觉实践企业理念，开拓进取，争做优秀企业员工。

6. 反馈信息，准确及时

服务人员在工作中要注意观察情况变化，对各种信息要积极报告、加强反馈，确保信息传送及时准确，积极应对和解决各种突发情况。

笔记区

三、城市轨道交通服务人员职业素质要求

1. 主动热情

某服务企业采用情境面试法考察应聘者的服务意识：当被问及洗手间位置时，直接回答"不知"者淘汰；补充说明身份者合格；主动提出"代为查询"者获重点培养。这种选拔标准凸显了服务行业"主动担当"的核心价值。

2. 控制情绪

专业客运工作者需具备卓越的情绪管控能力，需在各类服务场景中保持职业仪态。面对不同性格特征的乘客群体及突发性服务诉求，应始终维持专业服务水准，尤其在遭遇乘客投诉时更需秉持服务准则。当乘客在公共场合进行非理性指责时，工作人员应坚持"三步处理原则"：保持情绪稳定、避免直接争辩、及时启动应急流程。对于超出职责范围的冲突事件，应按规定程序进行专业处置。

3. 处变不惊

轨道交通运营环境复杂多变，要求服务人员具备快速响应能力。面对乘客突发疾病、设备故障等紧急情况，需熟练运用标准化处置流程，同时保持心理稳定性。例如，在列车晚点时，既要执行既定的安抚话术，又要灵活应对乘客个性化诉求，体现专业性与人文关怀的结合。

四、城市轨道交通职业道德规范

（一）城市轨道交通职业道德的内涵和要求

城市轨道交通企业员工于职业活动期间，为达成企业目标、捍卫企业利益、履行企业职责，从思想认知层面直至日常行为所遵循的道德规范及准则，共同构成了城市轨道交通行业的职业道德体系。它不仅是城市轨道交通企业员工在职业行为上的明确指引，更是城市轨道交通行业对社会所肩负的道德责任与义务体现。这一职业道德体系，是城市轨道交通企业从业人员在长期实践中，对所形成的职业道德行为模式以及道德关系的归纳与凝练，成为每一位从业者在实际工作中自觉奉行的行为标准。其具体展现在城市轨道交通行业独特的道德传统与习惯之中，反映于城市轨道交通企业从业人员特有的道德心理与品质层面，更切实融入从业人员的从业理

笔记区

念、工作态度、职业作风、专业技能运用以及日常工作行为等各个方面。

城市轨道交通职业道德所涉及的关系极为广泛。鉴于行业存在不同分工，劳动者在社会活动中的职业差异显著，所以需要确保各个社会领域内各类行业的平稳发展，维护行业内部正常的生产、工作及生活秩序，力求达成个人利益、职业利益与全社会利益的基本平衡。城市轨道交通行业职业道德在调节城市轨道交通企业从业人员与服务对象的关系、城市轨道交通企业与员工的关系、城市轨道交通内部不同工种间的关系，以及行业从业人员自身权利与义务关系等方面，均发挥着极为重要的作用。

城市轨道交通系统融合了线路、车辆、供电、通信信号、自动售检票、运营管理等多个专业工种，形成一个庞大且复杂的综合体系。基于其在城市发展中的关键地位与作用，城市轨道交通职业道德的基本要求为：坚定不移地秉持社会主义经营服务方向，紧密贴合时代政治、经济、社会发展的需求，契合社会主义精神文明建设的核心要义，树立崇高的职业道德观念，以饱满的热情投身社会服务，为乘客提供优质上乘的服务，全力满足经济建设、社会发展以及人民生活的实际需求。

（二）城市轨道交通职业道德的基本特征

1. 全局关联性

城市轨道交通作为国民经济的关键构成部分，属于城市基础产业范畴，与政治稳定、经济繁荣以及社会进步存在千丝万缕的联系。身为城市轨道交通客运服务人员，唯有树立正确的职业道德观念，切实遵循职业道德规范，方可从全局视角和时代高度深刻认识城市轨道交通事业的重要意义，进而自觉将城市轨道交通服务工作与国家富强、社会发展以及人民幸福紧密相连。

2. 经济影响力

城市轨道交通堪称国民经济的先导，如同"生产的起始环节"，更是连接各个行业的关键纽带。所以，城市轨道交通客运服务人员的职业道德水准，不仅会对本行业的经济效益与社会效益产生影响，还会波及其他行业的运作与发展。

3. 服务广泛性

城市轨道交通直接面向社会大众，宛如沟通城市各个区域、连接不同方向的桥梁。在城市服务行业中，城市轨道交通每日接待的服务对象数量庞大，涵盖社会各个阶层，且频繁接触国内外宾客，因而在社会层面具有广泛的影响力。通过标准化服务与人性化关怀的结合，可塑造城市形象，促进社会文明进步。

文化自信

中国的礼仪文化，是中华民族的精神财富，也是中华民族的文化特色之一。中国的礼仪文化的内容和特色主要体现在以下几个方面。

（1）礼仪是中国文化的核心。中国文化是以儒家文化为主体的，而儒家文化的核心就是礼仪文化。儒家认为，礼是人的本性和理性的体现，是人与人、人与自然、人与天道相和谐的准则，是修身、齐家、治国、平天下的基础。儒家还认为，礼是人类区别于禽兽的标志，是文明与野蛮的分界，体现了人的文化自觉。因此，儒家把礼仪教育作为人的基本教育内容，把礼仪修养视作人的基本素质要求，把礼仪行为当作人的基本道德规范。

（2）礼仪是中国人的道德修养体现。中国人的道德观念，很大程度上是基于礼仪的。儒家认为，礼是道德的外在表现形式，是道德的规范载体。礼仪不仅规范了人与人之间的相处之道，也规范了人与自我的相处之道。通过遵守礼仪，人可以培养自己的德行，提高自己的品格，达到修身的目的。

（3）礼仪是中国人的文化认同纽带。中国人的文化认同，很大程度上是基于礼仪的。礼仪是中华民族的共同语言，是中华文化的共同符号，也是中华民族的共同记忆。无论是春节、清明、端午、中秋等传统节日，还是祭祀、婚丧、宾客、饮食、服饰等日常生活，都蕴含着深厚的礼仪文化。通过参与礼仪活动，人可以感受到中华文化的魅力，增强对中华文化的认同感，增进对中华民族的归属感。

笔记区

任务考核

班级		姓名		学号	
小组分工				日期	

<table>
<tr><td>任务描述</td><td>通过系统学习职业道德的核心内涵、城市轨道交通服务人员的职业道德规范及职业素质要求，理解城市轨道交通职业道德在职业活动中的实践意义。

任务要求：
结合行业案例分析与模拟实践，掌握城市轨道交通职业道德在服务场景中的具体应用，并完成考核。</td></tr>
<tr><td>任务准备</td><td>一、判断题

1. 职业道德是职业素养的重要组成部分，直接影响行业的整体形象。（　　）

2. 城市轨道交通行业职业道德要求从业人员以乘客为中心，提供优质服务。（　　）

3. 职业责任感是指从业人员应具备强烈的责任感，对工作、服务对象和社会负责。（　　）

4. 城市轨道交通行业职业道德不要求从业人员遵守法律法规。（　　）

5. 职业奉献精神强调从业人员应不计较个人得失，主动提供优质服务。（　　）

二、填空题

1. 职业道德的核心要素包括职业责任感、职业诚信、职业纪律、职业奉献精神、职业协作能力和_____。

2. 城市轨道交通职业道德的基本特征包括全局相关性、经济影响性和_____。

3. 城市轨道交通服务人员在突发设备故障时应做到"严守流程"和_____。

4. 城市轨道交通职业道德要求服务人员"以乘客为中心"，体现的服务理念是_____。

5. 城市轨道交通职业道德要求服务人员"熟知应急处置预案"，体现的职业素质是_____。</td></tr>
</table>

笔记区

续上表

任务准备	三、简答题 1. 简述职业道德的定义及其核心要素。 2. 列举城市轨道交通行业职业道德的基本要求，并简要说明其重要性。 3. 结合实际，谈谈职业道德对城市轨道交通行业从业人员的重要性。 四、案例分析题 某城市轨道交通站务人员在工作中发现一名乘客遗失的物品，他立即将物品上交，并通过广播寻找失主。最终，物品顺利归还失主，乘客对站务人员表示感谢。 请结合职业道德的相关知识，分析该站务人员的行为体现了哪些职业道德原则，并说明这些原则在服务工作中的重要性。
任务实施	撰写案例分析报告：结合城市轨道交通行业特征，阐述职业道德对服务质量的提升作用。 小组内互评，小组长打分，并交流经验。
任务评价	城市轨道交通恪守职业道德分析报告评价表 表格如下

城市轨道交通恪守职业道德分析报告评价表

评价项目	评价标准	分值 （分）	得分 （分）
知识掌握程度	能准确表述职业道德定义、城市轨道交通行业六项要求及职业素质要点，逻辑清晰	20	
案例分析深度	能结合案例说明职业道德的实践价值，分析问题透彻，提出合理解决方案	20	
实践应用能力	在模拟场景中规范应用职业道德规范（如情绪管理、流程执行），展现职业素养	20	
方案设计合理性	实践方案紧扣行业痛点，符合职业道德原则，具有可行性与创新性	20	
反思与总结深度	反思报告能结合行业实际，提出职业道德建设对城市轨道交通企业发展的战略意义	20	
合计		100	

笔记区

任务三
研习城市轨道交通服务礼仪

📖 知识准备

　　城市轨道交通服务礼仪是规范客运服务人员行为的重要准则，它贯穿乘客乘车全流程，涵盖职业礼仪、仪容、仪表、仪态、沟通礼仪等多个方面。作为城市形象窗口，服务礼仪不仅能提升企业形象与竞争力，还直接体现服务质量，影响乘客体验。其核心在于自律、敬人、宽容等原则，要求服务人员以亲和的微笑、得体的语言等素养，展现专业形象。服务礼仪的意义在于提升企业形象、增强社会效益，同时推动服务人员素质提升，是城市文明窗口与服务质量的重要保障。

一、服务的含义

　　服务，指的是服务提供者依照服务接受者的需求，开展一系列旨在令其满意的活动过程。整个服务流程涉及服务提供者与服务接受者两方。服务提供者依据服务接受者的意愿实施服务活动，在服务过程中处于相对被动的位置；而服务接受者提出服务诉求并期待得到满足，处于主导地位。本质上，服务过程是将部分服务劳动转化为具备交换价值的活动，旨在化解人们现实生活中的问题，并且随着人们需求的不断增长而持续发展演变。

　　现代服务理念的英文词源"SERVICE"构成了七维服务标准体系。

　　● S（Situational Empathy）——情境共情力：建立情感化的服务接触界面。

　　● E（Excellence Standard）——卓越服务基准：把控微观服务单元的品质。

　　● R（Readiness System）——服务预置状态：构建即时响应的保障

机制。

● V（Value Perception）——差异化服务感知：实施客制化的体验管理。

● I（Interactive Retention）——客户关系延续机制：设计服务周期的闭环。

● C（Creative Environment）——服务场景营造：构建沉浸式的服务场域。

● E（Empathic Anticipation）——需求预判能力：实现前瞻性的服务供给。

二、服务的特征

服务作为人类文明进程的产物，其内涵已从古代"侍奉劳作"的单一概念，演变为现代社会人际交互的重要纽带。与实体商品相比，服务展现出以下特征。

1. 无形性

服务区别于有形实体产品，其特质及构成元素均为无形。服务的生产与消费往往同时发生，生产过程即消费过程，无法具象化，只能依靠感知。消费者不仅重视有形商品，更看重服务的无形价值，服务质量在很大程度上取决于服务人员的表现，这是服务最根本的特征。服务作为一系列活动过程，无法像有形商品那样被看见、触摸或感觉到，并且购买服务通常不意味着拥有所有权，比如地铁为乘客提供出行服务，乘客却并不拥有地铁座位。

2. 易逝性

服务无法像有形产品那样被储存、转售或退回。服务的生产和消费必须同步进行，未被即时消费的服务无法保留。例如，地铁列车的空座位无法储存到下一趟列车使用，咨询师提供的咨询服务也无法退货或转让。这种特性要求服务组织在需求预测和资源分配上更具创造性，同时制定有效的补救策略以应对服务失误。

3. 差异性

服务的质量和表现因人、因时、因地而异，难以完全标准化。服务的差异性主要源于服务人员与顾客之间的互动，以及服务过程中各种不可控因素，例如顾客需求的表达能力、员工的服务态度、其他顾客的行为等。

笔记区

即使是同一位员工，在不同情绪或激励状态下提供的服务也可能存在差异。这种差异使得服务提供商难以完全按照计划或宣传提供一致的服务。

4. 评价的复杂性

与有形产品不同，服务的评价复杂且难以标准化。由于服务的无形性和不可储存性，企业难以通过统一的技术标准或流程来衡量服务质量。服务的本质是满足他人的需求，而非满足自身需求，因此服务质量更多依赖于顾客的主观感受。

5. 生产和消费的同步性

多数商品先生产，接着储存、销售、消费，而多数服务是先销售，随即同时进行生产与消费。这意味着服务生产时，顾客通常在场，甚至会参与其中。有些服务由众多顾客共同消费，如一场音乐会。这表明在服务生产过程中，顾客间会相互影响彼此的体验。这种同步性导致服务难以大规模生产，很难通过集中化获取显著规模经济效益。同时，问题顾客（扰乱服务流程者）会给自身及他人带来困扰，降低顾客感知满意度。此外，还要求顾客和服务人员都要熟知整个服务传递流程。

笔记区

三、城市轨道交通客运服务礼仪的含义

城市轨道交通客运服务礼仪，是将人们都知道的礼仪规则，灵活运用到轨道交通客运服务里。它是礼仪在这个行业的特殊呈现形式，也是服务的具体流程和方法，能把看不见摸不着的服务，变成大家能看到的、规范的、完整的行为。简单来说，城市轨道交通客运服务礼仪是社会对城市轨道交通客运服务人员在工作岗位上必须遵守的行为准则，即服务人员在工作的时候，通过语言、动作等方式，向乘客表达尊重和友好的行为规范和习惯做法。总之，城市轨道交通客运服务礼仪就是服务人员在工作中要遵守的礼仪规范和技巧。其中的行为规范，主要包括服务人员在服务过程中外在形象的展现，比如穿着打扮、仪容仪表、说话方式、动作姿态等。

行为，是人们在自己的想法和意愿驱使下所表现出来的外在活动。规范，就是做事的正确标准。所以行为规范就是在特定的场景里，人们做事应该遵循的正确标准。城市轨道交通客运服务礼仪的关键，就是服务人员在工作岗位上，为乘客提供服务时，应该遵循的正确操作方法。

服务关系是一种特殊的人际关系，简单来说，就是服务人员和服务对象之间相互有需求。在一定程度上，这种关系能满足双方的部分需求。不

过在实际服务中，主要是服务人员满足服务对象的需求，以使服务对象感到舒服、满意。

四、城市轨道交通客运服务礼仪的作用及意义

1. 城市文明的品牌符号

作为现代都市的立体血脉，城市轨道交通系统不仅是公共交通网络的核心骨架，更成为展现城市治理水平的移动展厅。服务人员的专业形象与礼仪表现，实质上是城市文明的外在彰显。乘客在车厢内的服务体验，会转化为对整座城市的综合印象，这种体验传播在社交媒体时代会呈指数级传播扩散。以东京地铁的"静音礼仪"为例，其培育的文明乘车文化已成为城市软实力的组成部分。

笔记区

2. 塑造企业良好形象的有力支撑

现阶段，我国多数城市轨道交通运营企业由政府直接管理，企业形象对于吸引乘客、助力缓解交通拥堵起着关键作用。良好的服务礼仪是企业树立正面形象的重要途径，因为人们对企业的认知往往始于其提供的服务。优质的城市轨道交通客运服务礼仪，能够全方位塑造和提升企业形象，进而提升地区乃至国家在公众心中的形象。

3. 增强企业吸引力与竞争力的重要因素

城市轨道交通运营行业涉及众多专业领域，对高素质人才需求旺盛。良好的服务礼仪作为企业形象的直观体现，能够吸引更多优秀人才加入，不断充实企业人才队伍，提升企业整体实力，从而在激烈的行业竞争中脱颖而出，增强企业在市场中的竞争力。

4. 创造更多的经济效益与社会效益

随着服务业的快速发展，服务在国民经济中的地位日益重要。企业之间的竞争已从有形产品竞争转向无形服务竞争。城市轨道交通企业通过提供优质服务，不仅能够提升乘客满意度，还能为企业带来可观的经济效益。此外，服务礼仪的意义已超越经济层面，它对社会文明和民主进步具有深远影响，能够促进社会和谐与美好发展。

5. 提高服务人员的个人素质与服务质量

城市轨道交通服务礼仪是客运服务人员的行为准则，能够帮助其在服务过程中更好地满足乘客需求，同时提升个人素质。服务质量通常由服务态度和服务技能两大要素构成，而乘客往往更关注服务态度。通过学习和

实践服务礼仪，服务人员能够提高服务意识和技能，使服务过程更加顺畅，让乘客体验更加轻松愉快，从而实现更高的满意度。

五、城市轨道交通客运服务礼仪的内容

城市轨道交通旨在为乘客提供便捷的出行方式，让乘客能通过地铁、轻轨等交通工具，顺利地从一个地方到达另一个地方。城市轨道交通企业要做的，就是为乘客提供安全、方便、快速且舒适的客运服务。因此，城市轨道交通服务礼仪所针对的，自然就是选择乘坐这些城市轨道交通工具出行的乘客。

如图1-1所示，经对乘客乘车相关流程梳理可知，城市轨道交通客运服务礼仪所涵盖的环节极为繁杂。从乘客踏入车站准备乘车，到购票、在站台候车，再到下车直至最终出站，在整个行程中，服务礼仪都贯穿始终。乘客会依据各个环节的综合体验，对服务给出整体评价。正因如此，城市轨道交通客运服务礼仪所包含的内容丰富多样。

图1-1 乘客乘车流程

具体而言，城市轨道交通客运服务礼仪主要包含轨道交通客运服务人员在职业活动中的职业礼仪、个人形象展示方面的仪容礼仪、着装规范的服饰礼仪、姿态风度的仪态礼仪、交流互动的沟通礼仪，以及与客运服务直接相关的特定礼仪等基础内容。

为确保能提供优质的客运服务，城市轨道交通运营企业根据乘客乘车时的实际需求，专门构建了城市轨道交通运营企业服务质量管理体系。该体系详细规定了城市轨道交通车站客运服务的各项具体内容，如图1-2所示。

在乘客乘车的每个具体环节上，城市轨道交通运营企业的服务礼仪对服务人员"应该怎么做"和"不应该怎么做"，都有详细的规定和特殊的要求，离开了这一系列具体做法所构成的基本内容，服务礼仪便无规范性与可操作性可言。城市轨道交通车站客运服务环节及其对应服务内容如表1-1所示。

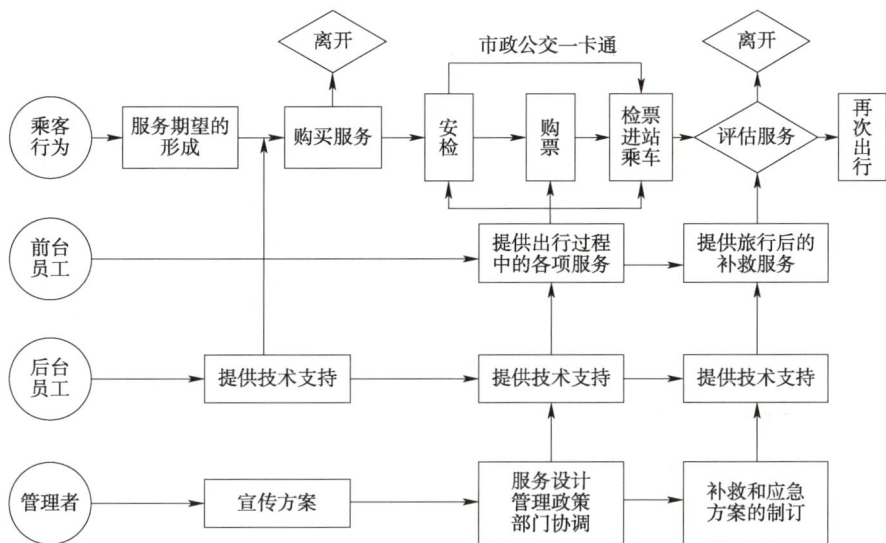

图 1-2　城市轨道交通车站客运服务内容

城市轨道交通车站客运服务环节及其对应服务内容　　　　表 1-1

服务环节	服务内容
出入口进入站厅（安检）	安检服务、问询服务和引导服务。安检是进入轨道交通车站的第一个环节，此处也是车站最容易发生拥堵的地方之一，所以服务人员一方面需要做好引导工作，同时要负责乘客财物的安全，维持好秩序
购（换）票服务和充值服务	乘客进入车站付费区前需要购票，其方式有人工售票和自助售票两种，持一卡通或储值票卡的乘客，也需要充值服务。服务人员应协助指导乘客规范使用自动售票机、自动充值机、自动查询机，严格按照票务管理的相关作业程序进行作业，做到热情、方便、准确、迅速
刷卡进站	乘客购票后，将所持车票放在刷卡区域，经检票无误后，闸机释放，让乘客通过闸机进入候车区。服务人员需要提供问询服务、处理坏票服务和提醒服务
站台候车	引导乘客文明乘车，向乘客宣传在黄线以内候车，维持站台候车秩序，阻止乘客在站台追逐打闹、跳下站台等行为
上、下车	主要包括维护站台的乘降秩序，提醒乘客先下后上，在车门或屏蔽门开、关过程中，制止乘客强行上下列车行为，车门或屏蔽门关闭后，禁止扒门等行为
刷卡出站	乘客乘坐轨道交通到达目的车站后，需从闸机处刷卡出站。和进站服务一样，服务人员需要提供问询服务、处理坏票服务和提醒服务

笔记区

六、城市轨道交通客运服务礼仪的基本原则

城市轨道交通客运服务礼仪是礼仪在轨道交通客运服务行业中的具体应用，它是客运服务人员在工作岗位上必须严格遵守的行为规范，也是服务人员在服务过程中向乘客表达尊重的标准做法。这些规范不仅体现了服务人员的自尊与尊他，还旨在建立和谐的客我关系。客运服务人员在学习和运用服务礼仪时，需要掌握以下七条原则，这些原则同等重要，缺一不可。

1. 自我修为原则

该原则强调服务人员的内在修养转化机制，要求建立"自省-自律-自驱"的闭环系统。通过持续的行为校准，使服务礼仪从外在规范内化为职业素养，形成肌肉记忆式的专业表达。

2. 乘客中心原则

此原则确立"乘客需求即服务坐标"的核心逻辑，要求服务人员发展同理心思维，在服务场景中实现需求预判。它强调尊重的普适性，要求服务响应突破表层礼貌，触及对乘客人格尊严的深层维护。

3. 包容性原则

该原则构建了服务冲突的转化模型，主张将乘客的负面情绪视为服务改进的契机。通过"倾听-共情-解决方案"的三步法，将潜在矛盾转化为服务亮点，展现专业服务的韧性。

4. 公平性准则

在服务资源分配中，要践行"无差别尊重"理念，建立统一的礼遇基准线。同时引入服务弹性机制，针对特殊群体实施"精准化服务升级"，在公平基础上体现人文关怀。

5. 诚信原则

此原则确立"服务即承诺"的契约精神，要求服务行为具有可追溯性。通过服务日志与乘客反馈的交叉验证，确保服务承诺的完整兑现，构建信任资本。

6. 适度性原则

此原则建立服务强度的校准模型，依据文化情境与服务场景动态调整礼仪表达。在标准化与个性化之间寻求平衡点，避免服务过度或服务不足的双边风险。

7. 文化适应性原则

此原则强调服务礼仪的地域化创新，要求服务人员具备文化解码能力。通过持续的地域文化培训，使服务表达既符合行业规范，又尊重地方习俗，实现服务礼仪的情境化重构。

七、学习城市轨道交通客运服务礼仪的意义

在城市轨道交通领域，大力推广和普及服务礼仪具有极为关键且多维度的意义。

其一，能够助力客运服务人员提升个人素养。通过学习服务礼仪，服务人员在言行举止、待人接物等方面会更加得体，自身修养得以提升。

其二，能更充分地向乘客传达尊重之意。恰当的礼仪表现能让乘客在乘车过程中切实感受到被重视、被关怀。

其三，有利于进一步提升服务水平与质量。规范的礼仪促使服务流程更顺畅，服务细节更完善，从而为乘客带来更优质的体验。

其四，对塑造和维护企业整体形象、提高乘客满意度大有裨益。良好的服务礼仪是企业的一张亮丽名片，能让乘客对企业留下良好印象，增强乘客对企业的认可度。

其五，能帮助企业创造更优的经济效益与社会效益。优质服务能吸引更多乘客，增加企业营收，同时促进社会和谐，提升行业整体形象。

城市轨道交通客运服务人员不能仅停留在学习标准、规范的礼仪形式上，更要深入领会"以礼待客"的深层内涵。若缺乏对内涵的理解，在服务时容易出现失礼行为，或是仅做表面文章，难以真正赢得乘客认可。只有明白礼仪是基于道德理性制定的制度与规范，是道德理性的外在呈现，才能做到内心受礼仪驱动，外在言行自然符合礼仪规范，自如展现自身修养、风度与魅力，进而构建起和谐融洽的服务人员与乘客关系。

八、城市轨道交通服务人员的礼仪素养

1. 富有感染力的微笑

1）微笑的积极功效

微笑能够显著改善服务态度，促使服务人员以更热忱的状态投入工

笔记区

作，进而全方位提升服务质量。

亲切的笑容宛如一座桥梁，能有效拉近服务人员与乘客之间的心理距离，营造出和谐融洽的氛围。

微笑能在初次接触时，为乘客留下极佳的第一印象，这种首因效应有助于后续服务的顺利开展。

2）正确微笑的准则

主动展现微笑：与乘客目光交会的瞬间，服务人员应率先绽放微笑，随后再开口交流，主动营造热情友好的互动开端。

秉持真诚态度：微笑需源自内心深处，是对乘客尊重与理解的真情流露，这样的微笑才能打动人心。

注重眼神笑意：不仅面部要有笑容，眼神中更要蕴含笑意，做到表里如一，让微笑更具感染力。

2. 温暖人心的问候

问候作为人与人初次见面时的直接互动，恰当的问候能迅速传递服务人员的真诚心意，在第一时间给乘客留下良好印象。

城市轨道交通服务人员在见到乘客时，务必主动热情地打招呼。通常，主动问候的一方在后续的交流和服务过程中，更容易占据主动，为优质服务奠定基础。

3. 整洁大方的仪表

城市轨道交通服务人员每日与海量乘客接触，乘客对轨道交通服务的第一印象，很大程度上源于服务人员的仪容仪表。良好的仪容仪表，能给乘客带来愉悦的视觉感受，形成美好的第一印象，对轨道交通企业起到积极的宣传作用，甚至在一定程度上弥补服务中的小瑕疵。反之，不佳的仪容仪表容易引起乘客反感，即便服务热情、设施完备，也难以让乘客满意。

因此，服务人员的仪表务必保持整洁、朴素，这种形象能够让乘客感到亲近，传递出清新、健康的气息。

4. 恰当得体的语言

语言是服务人员为乘客服务的关键工具，对服务质量有着举足轻重的影响。得体的语言能让乘客倍感温暖和亲切。服务人员要善于观察乘客的表情、神态和行为，在语言交流中紧密贴合乘客实际情况。从乘客的言谈

笔记区

举止中敏锐捕捉其情绪变化，理解话语背后的潜在需求，真正站在乘客角度思考问题、提供服务，精准判断乘客心理与服务需求。

此外，在拒绝乘客时，服务人员需采用委婉的语气表达否定，避免使用强烈的否定句，以免给乘客造成不愉快的体验。

◈ 职业素养

站务员在向乘客提供服务的同时，也在创造价值，站务员越优秀，创造的价值越大，对社会做出的贡献也就越多。

1. 具有娴熟的服务技艺

站务员的工作是直接面向乘客的，工作的结果最终将展示在乘客面前，且出现问题往往难以弥补。这就要求工作防止出现过失，要求站务员除了具有工作义务心，还要具有娴熟的服务技能。在当前网络化运营的形势下，一名优秀的站务员要不时学习网络运营的新知识，熟悉相关的法律法规，把各种规程、操作程序及规范融入工作中。

2. 具有强烈的服务意识

服务意识是衡量城市轨道交通站务员素质的标准。站务员要具有强烈的服务意识，树立"服务对象是贵宾"的观念，这样站务员一旦上岗，就能克服各种困难，主动、热情、耐心、周到地为乘客提供服务。

3. 具有良好的自制力

自制力是对个人情感、行为的约束与控制能力。作为一名优秀的站务员，应擅长控制自己的情绪，约束自己的情感，注意自己的言行举止。不管面对哪种类型的乘客，无论遇到什么问题，都可以做到不慌不忙，不失礼于人。

4. 具有较高的应变能力

应变能力是站务员应当具有的素质，体现了站务员处置突发事件和特殊情况的能力。这就要求站务员不断拓展知识面，提升分析问题、交际等各种才能；熟知各类应急处置预案；有良好的心理素质，做到临危不乱，以应对各种服务需求。

笔记区

任务考核

班级		姓名		学号	
小组分工				日期	

任务描述	学习服务礼仪七大原则，分析服务特征（无形性/差异性）对礼仪实践的影响，模拟票务纠纷、突发状况等场景，进行相应的礼仪应对演练。 **任务要求：** 掌握城市轨道交通服务礼仪核心要素，并将其应用于实践，提升在服务场景中的专业表现与乘客满意度，并完成考核。
任务准备	**一、选择题** 1. 以下属于服务特征的是（　　）。 　A. 有形性　　B. 可储存性　　C. 差异性　　D. 评价简单性 2. 城市轨道交通客运服务礼仪的对象是（　　）。 　A. 城市居民　　　　　　　B. 乘坐城市轨道交通的乘客 　C. 企业员工　　　　　　　D. 外来游客 3. 城市轨道交通客运服务礼仪的核心是（　　）。 　A. 律己　　　B. 敬人　　　C. 宽容　　　D. 平等 4. 服务生产和消费的同步性意味着（　　）。 　A. 服务可以先生产后销售 　B. 服务生产时顾客不在现场 　C. 服务难以大规模生产 　D. 服务不会受顾客相互作用影响 5. 客运服务人员拒绝乘客时，应（　　）。 　A. 直接说"不行"　　　　　B. 使用强烈否定句 　C. 用委婉语气表达否定　　　D. 沉默不语 **二、填空题** 1. 服务的特征包括无形性、易逝性、_____、评价的复杂性、生产和消费的同步性。 2. 城市轨道交通客运服务礼仪的基本原则包括自律、敬人、宽容、_____、真诚、适度、从俗。 3. 服务礼仪的作用包括提升企业的整体形象、_____、创造经济效益和社会效益等。

笔记区

续上表

任务准备	4. 客运服务人员的仪表应做到_____和朴素。 5. 在与乘客交流时，应使用_____的语言，避免使用否定句。 三、简答题 1. 简述服务的定义及其核心特征。 2. 列举城市轨道交通客运服务礼仪的基本原则，并简要说明其重要性。 3. 结合实际，谈谈服务礼仪对城市轨道交通行业从业人员的重要性。 四、案例分析题 某城市轨道交通站务人员在工作中遇到一位因列车延误而情绪激动的乘客，该站务人员始终保持微笑，耐心倾听乘客的抱怨，并使用礼貌用语安抚乘客情绪，最终成功化解矛盾。 请结合服务礼仪的相关知识，分析该站务人员的行为体现了哪些服务礼仪原则，并说明这些原则在服务工作中的重要性。
任务实施	拍摄礼仪情景剧短片：展示城市轨道交通服务礼仪的规范应用（如仪表整理、微笑服务、应急沟通）。 小组内互评，小组长打分，并交流经验。
任务评价	城市轨道交通服务礼仪情景剧评价表 （下表）

城市轨道交通服务礼仪情景剧评价表

评价项目	评价标准	分值（分）	得分（分）
仪表整理呈现	准确展示城市轨道交通服务人员标准的仪表整理流程，包括着装规范、发型整理、妆容要求等细节	30	
服务礼仪	清晰展现微笑服务的原则与效果，如主动微笑、真诚微笑、眼中含笑，且微笑运用恰当，能有效拉近与乘客间的距离	30	
应急沟通展示	合理设置应急场景，准确运用应急沟通礼仪，语言表达恰当、态度冷静，能有效解决问题	20	

笔记区

续上表

任务评价	评价项目	评价标准	分值（分）	得分（分）
	表演效果	能够准确诠释角色情感与职责，将城市轨道交通服务人员的形象刻画得鲜明饱满；配合默契，互动自然，能很好地展现城市轨道交通服务场景中的人际交流	10	
	技术质量	画面清晰、稳定，色彩鲜艳自然，光线充足，无明显噪点或模糊现象；剪辑流畅，转场自然，镜头衔接合理，能有效推动剧情发展	10	
	合计		100	

笔记区

仪之美——塑造城市轨道交通职场形象

项目说明

本项目聚焦城市轨道交通客运服务人员的职场形象塑造，重点围绕仪容仪表礼仪展开。通过对仪容仪表礼仪的系统讲解，引导学生掌握相关规范。在仪容方面，涉及发型、妆容等要求；在仪表方面，涉及制服着装、配饰选择及领带、丝巾的系法等内容。本项目以京港地铁服饰管理等案例为导入，借助知识讲解、实践操作及考核评价等环节，助力学生提升职业形象，增强职业素养，为城市轨道交通服务行业输送形象佳、素质高的专业人才。

本项目的思维导图如下。

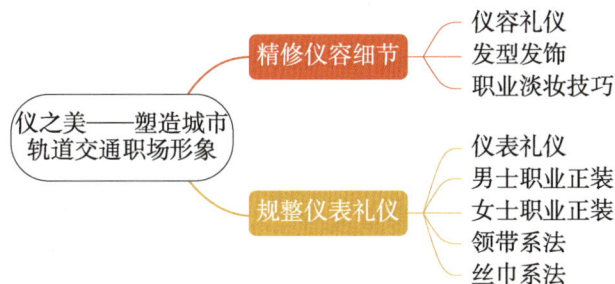

```
                                    ┌─ 仪容礼仪
                        ┌─ 精修仪容细节 ─┼─ 发型发饰
                        │              └─ 职业淡妆技巧
仪之美——塑造城市 ──────┤
轨道交通职场形象          │              ┌─ 仪表礼仪
                        │              ├─ 男士职业正装
                        └─ 规整仪表礼仪 ─┼─ 女士职业正装
                                       ├─ 领带系法
                                       └─ 丝巾系法
```

教学目标

◎ 知识目标

1. 掌握客运服务人员仪容规范（发型、妆容、肢体修饰）及仪表规范（制服、配饰、领带/丝巾系法）。

2. 理解职业淡妆的步骤与技巧，熟悉遮瑕、定妆等化妆原理。

3. 了解不同岗位制服的设计原则及着装禁忌（如三色原则、鞋袜搭配）。

4. 熟悉制服着装标准、配饰搭配原则及岗位服饰文化。

◎ **技能目标**

1. 能规范完成男性/女性职业发型设计与盘发操作。

2. 能独立完成职业淡妆（女性）或基础仪容修饰（男性），包括底妆、画眉、眼线等步骤。

3. 掌握城市轨道交通客运服务人员制服着装规范，能按规范穿着制服。

4. 能正确穿着制服、搭配配饰，掌握半温莎结、巴黎结等领带/丝巾系法。

5. 能依据考核标准进行仪容仪表自评与互评，及时修正不规范操作。

◎ **素质目标**

1. 树立学生的职业认同感与责任感，理解仪容仪表对城市轨道交通服务品牌形象的重要性。

2. 培养严谨细致的服务意识，形成尊重乘客、爱岗敬业的职业态度。

3. 提升学生的审美能力和文化素养，传承与发展服饰文化相关的传统礼仪。

案例导入

京港地铁服饰的形象管理
——专业与风采的完美融合

2021年，京港地铁举办了第二代制服发布会。京港地铁作为北京城市轨道交通的重要组成部分，一直以高标准的服务质量和专业的职业形象著称。其员工的服饰设计和管理不仅体现了企业的文化内涵，还展现了城市轨道交通行业的职业风范。京港地铁的服饰设计注重实用性、美观性和品牌形象的统一，成为行业内职场形象的典范。

1. 站务员服饰

设计特点：站务员的服饰以深蓝色为主色调，搭配白色衬衫，整体简洁大方。深蓝色象征着稳重与专业，白色衬衫则显得干净利落。

细节体现：服饰上印有京港地铁的标志，袖口和领口的设计注重细节，既方便活动，又显得庄重得体。

实际效果：站务员的服饰给乘客留下了深刻的印象，深蓝色的制服让乘客在车站内能快速识别工作人员，增强了服务的便捷性和乘客的信任感。

2. 列车司机服饰

设计特点：列车司机的服饰以深灰色为主，搭配反光条设计，既符合工作环境的需求，又提高了安全性。

细节体现：服饰采用透气面料，适合长时间驾驶的环境。反光条设计在夜间或光线不足的情况下，能有效提高司机的可见性，保障行车安全。

实际效果：司机服饰的专业设计不仅提升了司机的工作舒适度，还增强了乘客对列车运行安全的信心。

3. 客服人员服饰

设计特点：客服人员的服饰以浅蓝色为主，搭配白色领结或丝巾，整体形象亲切柔和。

细节体现：服饰设计注重亲和力，浅蓝色给人一种温暖、友好的感觉，符合客服岗位的服务性质。

实际效果：客服人员的服饰让乘客感受到服务的温馨与专业，提升了乘客的满意度和信任感。

京港地铁的服饰设计不仅体现了职业形象的美感，还融入了企业文化和服务理念。通过服饰的颜色、款式和细节设计，京港地铁成功塑造了专业、亲切、可靠的职场形象。这种形象管理不仅提升了员工的职业自豪感，还增强了乘客对企业的信任和认可。

（1）职业形象的统一性。京港地铁通过统一的服饰设计，展现了企业的规范性和专业性。无论是站务员、列车司机还是客服人员，服饰的设计都体现了岗位的特点和服务的核心价值。

（2）品牌形象的传递。服饰上的企业标志和细节设计，无形中传递了京港地铁的品牌形象。乘客通过员工的服饰，能够感受到企业的文化内涵和服务理念。

（3）服务体验的提升。服饰的设计不仅注重美观，还兼顾了实用性和舒适性。员工在穿着得体的同时，能够更好地完成工作任务，从而为乘客提供更优质的服务。

（摘自京港地铁官网，2021 年 9 月）

引导问题：

京港地铁的服饰设计和管理为城市轨道交通行业的职场形象树立了标杆。对于其他城市轨道交通企业而言，在服饰穿戴层面，如何依据岗位需求和企业文化，实现着装的精准适配？在仪容修饰方面，又该如何通过精心雕琢，提升职业形象，进而促进服务质量的进阶？

任务一
精修仪容细节

📖 知识准备

城市轨道交通服务人员仪容礼仪强调首因效应，即服务人员需保持整洁自然形象，以优化乘客体验。发型需符合职业规范，男性前不遮眉、侧不过耳，女性发尾不过衣领，长发需盘起；妆容宜淡雅庄重，女性需精致底妆、适度眼妆及自然唇色，男性应保持清爽面容，适当修饰眉形与肤色。通过规范仪容仪表，服务人员能够展现专业素养，提升服务质量，塑造良好的企业形象。

一、仪容礼仪

城市轨道交通客运服务人员需高度重视心理学中的首轮效应，也就是常说的首因效应。首因效应指的是人们在首次认知客体时，于大脑中留存下的"第一印象"。客运服务人员应妥善塑造自身形象，因为一旦乘客对服务人员的形象形成正面的"第一印象"，便会为后续的服务或交流环节带来积极影响；反之，负面的"第一印象"则会产生消极作用。

仪容与仪表皆关乎人的外在呈现。其中，"仪容"主要聚焦于人的面部容貌，而"仪表"重点在于人的穿着服饰。客运服务人员拥有整洁的容貌、规范的着装，能使乘客心生愉悦，这也是服务人员尊重乘客的直观体现。

无论天生容貌如何，客运服务人员在开展服务工作时，都要确保仪容干净清爽、自然得体，并进行适宜的修饰。这是衡量城市轨道交通客运服务人员是否具备职业素养的关键考核指标。具体而言，仪容礼仪涵盖发型打理、面部修整、肢体修饰以及妆容点缀这四个方面的要求。

城市轨道交通客运
服务人员仪容
修饰要求（男）

城市轨道交通客运
服务人员仪容
修饰要求（女）

二、发型发饰

1. 发型总体要求

城市轨道交通客运服务人员在打理个人头发时，不但要遵循面向大众的常规准则，更要严格契合本行业、本单位的特定要求。

1）清爽自然

身为客运服务人员，若忽视头发的清洁卫生，易使乘客产生邋遢、无精打采之感，甚至会让人觉得其缺乏敬业精神。所以应做到以下两点。

- 定期清洗头发。防止头屑、杂物附着在头发上，杜绝异味产生，更不能让头发因油腻等原因出现粘连现象。
- 仔细梳理头发。认真梳理每一缕发丝，避免给乘客留下粗枝大叶、不注重细节的不良印象。

2）修饰适配

客运服务人员在挑选发型以及进行头发美化时，务必确保所选发型与自身职业特性和工作性质相契合。

2. 男性发型要求

1）长度标准

男性城市轨道交通客运服务人员的发型长度需严格把控，前方头发不可遮挡眉毛，两侧头发不得超过耳朵，后方头发不能触及衣领。严禁剃光头以及留大鬓角。

2）美化准则

原则上不鼓励男性服务人员染发，建议维持头发的自然颜色。若头发本身偏黄，可染成深色，借此增加头发与肤色的对比度，使整个人更显精神。切勿尝试夸张、前卫的发型，诸如爆炸式、朋克式、飞机头、大包头等。头顶部位的头发可适当留长，借助发泥、发蜡等打造简约造型，但前提是不能影响工作时佩戴制式帽子。客运服务人员务必时刻铭记自身身份与岗位要求，发型应避免过于个性化。

3. 女性发型要求

1）长度要求

女性客运服务人员的头发按长度分为长发、中长发与短发。

中长发的标准为发尾不超过衬衫衣领下沿。上岗期间，必须保证双耳完全露出，且刘海不得遮挡眉毛。一旦发尾长度超过衬衫衣领下沿，需将

笔记区

头发盘成发髻，并收纳进指定发网内。图 2-1 所示为女性客运服务人员长发示范。严禁上岗时披头散发或扎马尾等不符合职业规范的发型。

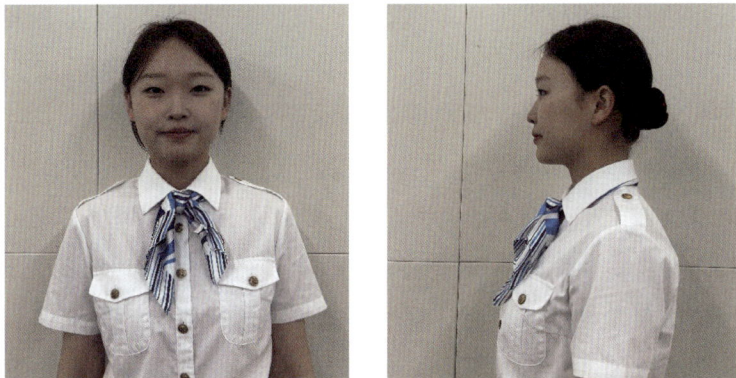

图 2-1　女性客运服务人员长发示范

2）美化要求

总体原则：无论是选择烫发、佩戴假发，还是进行染发，女性客运服务人员都要紧密结合岗位需求，不可过于追求时髦，尤其要避免因发型过度展现女性妩媚，以免影响职业形象。

发色选择：头发不可染成杂色，优先保持自然发色，或者将头发染成深色，通过增加对比度，展现出更饱满的精神状态。

刘海修饰：建议女性客运服务人员不要留齐刘海，应依据个人脸型条件，将额头露出三分之一以上，以此提升亲和力。

3）发饰要求

除工作专用发网及头花外，女性客运服务人员绑头发时应选用与发色相近且无任何装饰的皮筋，并用黑色钢丝夹将碎发整理干净。头饰整体应遵循简洁、实用的原则，色彩避免过于鲜艳花哨，材质不宜过于昂贵，款式也不可复杂，如图 2-2 所示。一次仅可佩戴一种头饰，禁止使用头箍或彩色发卡，若非特殊情况，尽量不使用假发套。

图 2-2　发饰展示

4. 女性客运服务人员盘发

1）普通圆髻盘发

所需物品：一条与发色相近的皮筋、若干 U 形夹、一个隐形发网、适量定型产品。

梳理头发：使用梳子仔细梳理头发，确保发丝无缠绕。因普通圆髻需头发表面高度顺滑，若头发毛糙或飞翘，可先喷水雾状定型产品增加湿度，再重新梳理定型，如图 2-3 所示。

扎马尾辫：将头发向后梳理成一条马尾，马尾位置应处于耳朵上下耳郭之间。确认头发顺滑后，用皮筋牢固扎起马尾，要保证其紧实，避免因过松而在后续过程中滑落，如图 2-4 所示。

图 2-3　梳顺头发　　　　　　图 2-4　扎马尾

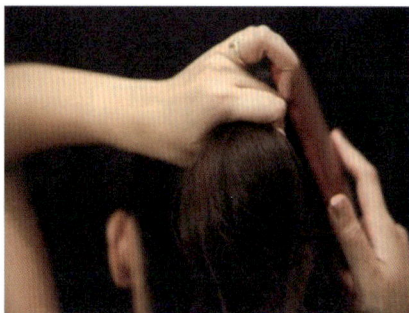

盘绕成髻：将马尾头发扭成绳索状，握住马尾末端，沿同一方向环绕成螺旋形状，如图 2-5 所示。接近收尾时，把发尾藏进螺旋圈内，使用 U 形夹固定。最后，用定型产品整理碎发，使发型更加整齐，如图 2-6 所示。若头发细碎或发量较多，可先利用隐形发网将马尾完全兜住，再进行旋绕成髻操作。U 形夹应夹于圆髻底部，尽可能使其不外露。若公司配有统一头花，需将已盘好的发髻放入头花内。

图 2-5　旋发成髻　　　　　　图 2-6　定型收尾

2）辫子式圆髻盘发

所需物品：两条与发色相近的皮筋、若干 U 形夹、一个隐形发网、适量定型产品。

相较于普通圆髻，辫子式圆髻更为紧实，不易散开，便于固定，尤其适合头发较长或细碎的女性。

前两步操作同普通圆髻：先梳理头发，再将头发扎成位于耳朵上下耳郭之间的马尾辫。

编辫子：从马尾底部开始，将头发均匀分成三份，相互交叉编成普通辫子。先将右边的一撮头发与中间交叉，接着左边的与中间交叉，依此流程持续操作，直至编至发尾。到达发尾时，紧紧握住辫子，若无须橡皮筋固定，可直接用发夹将辫子固定在头发上；若需使用橡皮筋，尽量选用小型的，并设法将其隐藏，以防在圆髻中显露，如图 2-7 所示。

盘绕成髻：从辫子底部开始，将编好的辫子环绕成螺旋形状。盘至尾部时，把发尾塞进圆髻底部。使用几个发夹稳固头发，确保其不会散开。最后，同样用定型产品整理碎发，如图 2-8 所示。若公司有统一头花，需将已盘好的发髻放入头花内。

图 2-7　编辫子

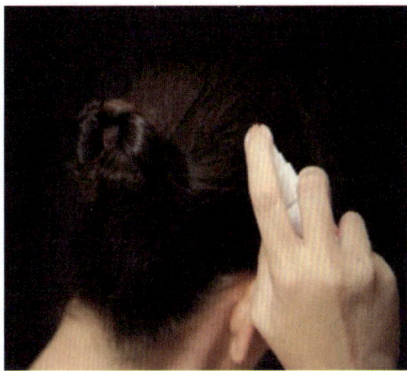

图 2-8　整理与定型

5. 男性客运服务人员头发造型

1）发泥造型

工具：吹风机、亚光发泥、发胶。发泥适用于普通发质的男性。

步骤如下：

（1）洗发后使用吹风机将头发彻底吹干。

（2）取适量发泥（约一颗玻璃弹珠大小），在指尖揉搓均匀。

（3）将手指插入头皮并向上提拉头发，重复多次；若需打造束状效果，可用手指捻搓小撮头发进行塑形。

特点：发泥质地较硬，定型效果持久（可维持 8 小时以上），适合普通发质男性使用。但需注意用量适中，过多会显得僵硬不自然。

2）蓬松粉造型

工具：吹风机、蓬松粉、发胶。蓬松粉适用于细软发质的男性。

步骤如下：

（1）洗发后使用吹风机将头发吹干。

（2）拨开头发，将蓬松粉均匀地撒在发根和发尾处。注意，拨开头发以确保粉末深入发丝而非浮于表面。

（3）用手指揉搓撒有蓬松粉的部位，像使用发蜡或发泥一样整理头发，此时头发会呈现自然蓬松的亚光效果。

技巧：使用蓬松粉时可采用少量多次的方法（如用手指盖住部分开口），以确保粉末均匀覆盖头发表面。

使用上述两种产品后均需使用发胶进行最终定型。喷发胶时需保持一定距离（约20cm），确保喷雾呈雾状落下；同时可轻微晃动手臂使喷雾分布更加均匀。这样既能有效定型，又能保留头发的自然质感。

三、职业淡妆技巧

1. 底妆打造

底妆堪称整个妆容的根基，对妆容的整体品质起着决定性作用。打造优质底妆受诸多因素影响，比如需依据肤质挑选适配的化妆品，按照肤色选择合适的粉底，并针对面部瑕疵进行处理。故而，完美底妆始于素颜肌肤的调养，若肌肤水润度欠佳，即便使用昂贵的粉底，上妆效果也会大打折扣。在使用粉底产品前，应足量涂抹化妆水、乳液与面霜，这不仅能为肌肤补充必要的滋润成分，还可改善肌肤状态，如图 2-9 所示。

接着，用手或半湿润的海绵，遵循从上至下、由内而外的顺序，将粉底均匀地拍擦涂抹于面部。鼻翼、眼周、上下眼睑及嘴唇等部位，需用无名指或海绵轻轻按压，使粉底与肌肤贴合得更紧密。通常，在全脸完成底妆后，针对面部存在瑕疵的地方，使用遮瑕膏进行局部遮盖，如图 2-10 所示。遮瑕工作结束后，用化妆刷在面部轻轻扫上一层定妆粉，至此底妆基本完成。

笔记区

化淡妆的步骤

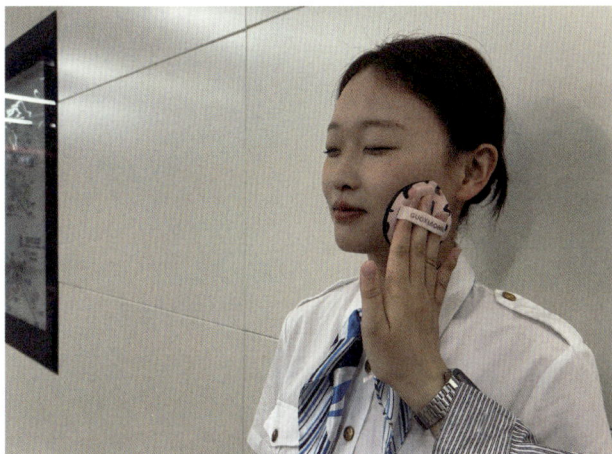

图 2-9　上底妆

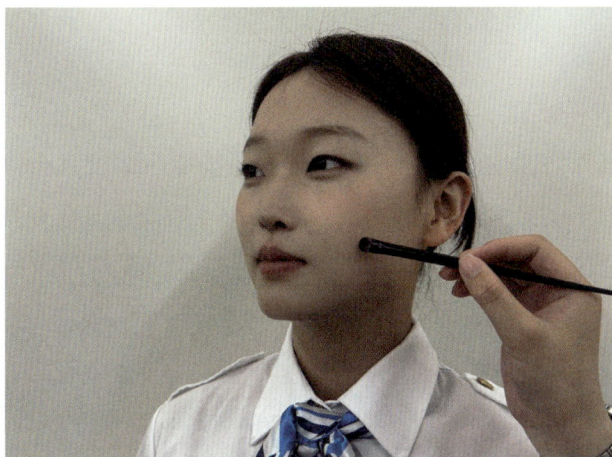

图 2-10　上遮瑕

遮瑕产品有多种色系，大致可分为黄色系、粉色系与绿色系，部分遮瑕盘还会包含紫色、橘色等色号。因此，需明确不同颜色遮瑕膏的功效。绿色遮瑕膏适用于遮盖痘印、暗疮以及泛红肌肤；橘粉色遮瑕膏可有效改善黑眼圈；紫色遮瑕膏针对暗沉、蜡黄肌肤，起到提亮与调整肤色的作用；黄色遮瑕膏能够遮盖粗大毛孔及面部细微瑕疵。在色谱中，红色与绿色是典型的互补色，所以若面部存在泛红肌肤，可借助绿色产品中和红色，使肤色恢复至中性色调。同理，对于黄色暗沉的肌肤，因其互补色为紫色，故可使用紫色产品来改善暗黄状况，如图 2-11 所示。

良好的底妆是精致妆容的基础，日常注重肌肤保养，能够减少因肌肤问题导致的上妆难题。

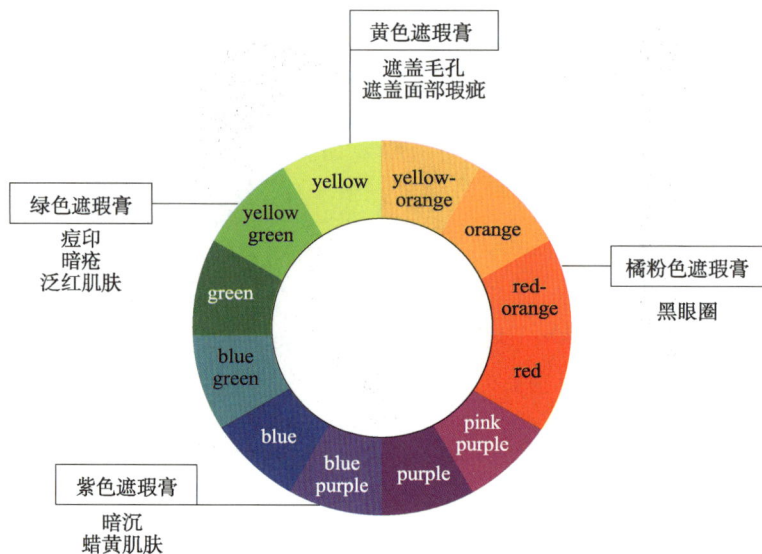

黄色遮瑕膏
遮盖毛孔
遮盖面部瑕疵

绿色遮瑕膏
痘印
暗疮
泛红肌肤

橘粉色遮瑕膏
黑眼圈

紫色遮瑕膏
暗沉
蜡黄肌肤

图 2-11　不同颜色遮瑕用途

2. 女性职业妆容

化妆是现代女性生活中不可或缺的一项技能。适度且得体的妆容，能够展现女性端庄、美丽、温柔、精致的气质。女性客运服务人员适度运用化妆用品进行仪容修饰，有助于彰显其自尊自爱、爱岗敬业的精神以及训练有素的职业素养。化工作妆时需遵循"淡雅、简洁、适度、庄重和避人"的原则。

化妆前，要做好皮肤护理，确保皮肤健康、水润。具体化妆步骤如下。

1）涂抹粉底

挑选与自身肤色相同色号的粉底液，借助粉底刷在脸上均匀涂抹，以来回轻扫的方式操作，避免留下刷痕，就如同在脸上绘制无数个小"×"。粉底刷使用完毕后，可用海绵块轻轻按压全脸，促使粉底分布更为均匀，使整体妆效更显自然通透，如图 2-12 所示。

2）定妆处理

先用干粉扑蘸取适量蜜粉，对折揉匀，再用手指弹去多余粉末，随后均匀地按压在肌肤上。接着，使用大号化妆刷拂去多余粉末，尤其要留意眼角、鼻翼、嘴角等油脂分泌旺盛的区域，如图 2-13 所示。优质蜜粉不仅具备定妆吸油的功效，更重要的是能够对妆容进行二次修饰。

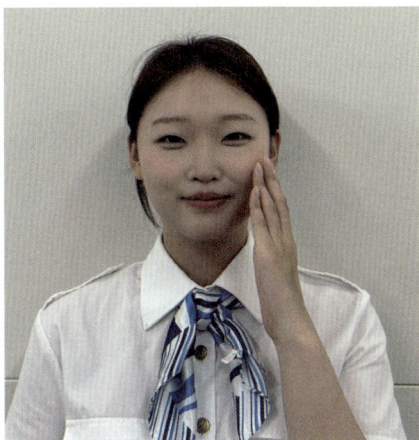

图 2-12　打粉底示范图

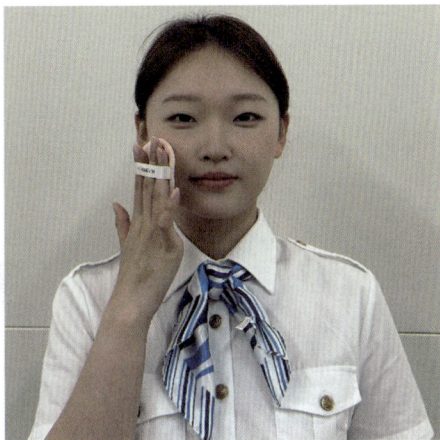

图 2-13　定妆示范

3）眉毛描绘

选择与发色相近的眉笔及眉粉来画眉。从眉毛中间位置起笔，先勾勒出眉毛下侧边缘的底线。对于眉毛稀疏或缺失的部位，用眉笔一笔一笔地填补。之后，用眉刷蘸取眉粉，从眉尾向眉中位置反复刷两次，再从眉中向眉头方向重复刷两次以加重颜色。画眉时，应顺着眉毛的生长方向进行，如此方能使眉毛看起来自然生动，避免出现生硬、失真的效果，如图 2-14 所示。

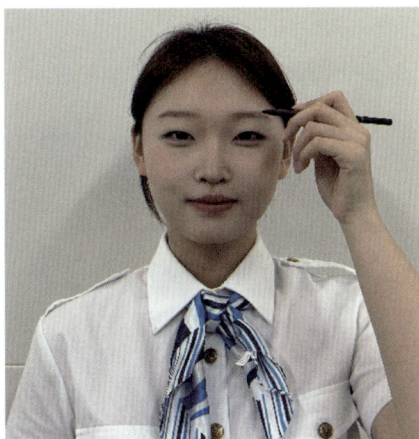

图 2-14　画眉示范

4）眼影涂抹

使用中型眼影刷蘸取白色高光，从内眼角向外眼角大面积涂抹，覆盖整个上眼皮，以突出眼部结构。再用小型眼影刷在眼线上方反复轻扫几次咖啡色眼影，注意控制咖啡色的涂抹面积，仅作小范围使用，从而让整个眼部更具立体感。晕染时要注重层次过渡，防止因涂抹不均而产生污浊感，如图 2-15 所示。

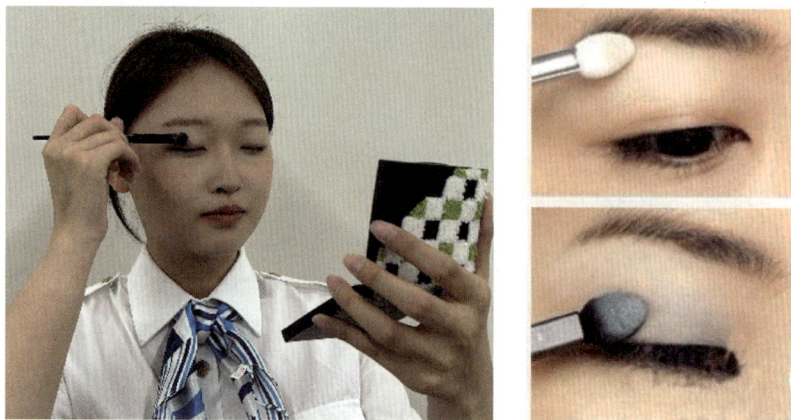

图 2-15　画眼影示范

5）眼线绘制

将镜子放置在距离身体 20cm 处，眼睛向下看，用无名指轻轻向上提拉眼皮。紧贴睫毛根部，从眼尾向眼角分段描画眼线，外眼角适当拉长。然后用眼线刷，从眼角至眼尾将眼线推匀，使线条自然清晰，如图 2-16 所示。用眼线刷晕开眼线这一步骤至关重要，它能使眼线看起来更自然，避免过于死板。对于内双、眼角易出油的女士，建议使用眼线膏。

图 2-16　画眼线示范

6）睫毛刷涂

按照从睫毛最外梢—中间—根部的顺序，分段式夹睫毛，这样夹出的睫毛既自然又卷翘，卷翘度可达 80°。以"Z"字形手法刷睫毛，注意不可涂抹过多睫毛膏，以免睫毛因过重而无法翘起来，如图 2-17 所示。

7）腮红涂抹

用胭红刷蘸取少量腮红，先涂抹在颧骨下方，位置应高不超过眼睛、低不低于鼻底线、长不超过眼长的二分之一处，涂抹时手势略向上提升，即向斜上方刷，然后再进行适度的延伸晕染，如图 2-18 所示。

图 2-17　刷睫毛示范

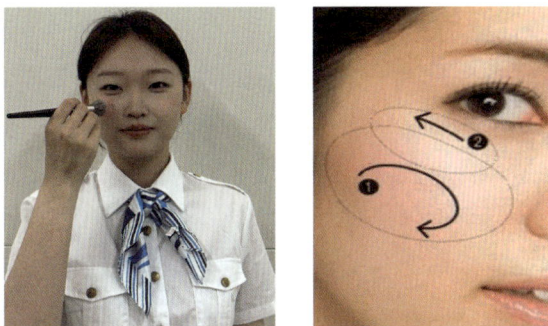

图 2-18　刷腮红示范

8）唇膏涂抹

先用唇线笔描绘出唇线，确定唇形。唇膏颜色应与腮红同属一个色系，避免选用过于鲜艳或怪异的颜色，建议不使用光泽度过高的唇彩。用唇刷蘸取唇膏，从两侧向中间均匀涂抹，且不可超出唇线范围。涂完唇膏后，要用纸巾吸去多余唇膏，并仔细检查牙齿上是否残留唇膏痕迹，如图 2-19 所示。

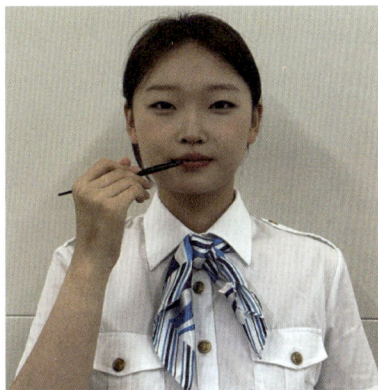

图 2-19　涂唇膏示范

9）妆容检查

查看妆容是否存在缺漏或脱妆情况，时刻保持妆面完整、干净。

化妆是一个熟能生巧的过程，女性客运服务人员可依据以上九个步骤反复实践，仔细体会，从而摸索出最适合自己的化妆用品及技巧。

3. 男性职业妆容

职场男士虽无须每日化妆，但应保持健康整洁的仪容，展现干练、阳光的形象。良好的仪容能提升气质，体现对他人和职场的尊重。

1）底妆修饰

选择契合自身肤色的粉底与遮瑕产品，在完成护肤步骤后，涂抹适量产品，以均匀肤色。利用遮瑕产品遮盖住黑眼圈、痘印及其他面部暗沉部位，提亮面部肤色。

2）眉毛修整

挑选适合自己的眉形，这样能够让人看起来更精神，面部更立体。去除眉眼周边的杂毛，选用与眉色相近的眉笔或眉粉，填充眉形并晕染自然，使眉毛更具立体感与形状。

3）唇部护理

男士涂抹唇膏主要是为了保护嘴唇，防止干裂起皮。特别是在秋冬季节，青紫色或干裂的嘴唇会让人显得气色不佳，即便面部保养良好，整体效果也会受到影响。

4）香水选择

男士香水宜选择木香、清香等香型，这类香型给人一种严谨细致的感觉，能够展现男子汉的独特魅力。

除上述几点外，男士在职场中还需留意耳朵、鼻孔内外的清洁。要勤洗手，并涂抹护手霜，避免手指出现死皮。保持袖口和领口的整洁，及时修剪指甲等。

笔记区

📖 **学习榜样**

杭州地铁"彩虹车队"17名"95后"女司机安全驾驶超135万km，这支"彩虹车队"，是为19号线的开通运营集结而成的，如图2-20～图2-22所示。

从整个行业来看，目前地铁女司机的比例仍旧偏低。"彩虹车队"所在的杭州地铁运营公司客运三公司，女司机占比约2.8%。如果从杭州地铁全线网来看，女司机占比则更低，仅有63人，占比在2%左右。可以说是"百里挑一"般的存在。杭州地铁运营公司客运三公司车辆保障部副部长孔来波认为，地铁司机属于服务岗位，要秉持"手柄轻四两、责任重千斤"的理念。

图 2-20　地铁电客车司机"手指口呼"

图 2-21　整理上岗前仪容仪表

笔记区

图 2-22　"彩虹车队"合影

　　"杭州地铁单日线网最高客流达 503.2 万人次，最小行车间隔在 3 分钟左右，这意味着平均每 3 分钟，司机就要进行一遍完整的'手指口呼'操作，而且高峰期经常会有'夹门'等突发情况。而女性对细节更为关注，韧性也更好，在应急处置过程中能保持很高的专注度，这便成了她们的一个相对优势。"正如孔来波所说，地铁驾驶工作很枯燥，基本都是重复性动作，要是没点专注度，很容易出事儿。

　　"彩虹车队"很厉害，不仅业务能力过硬，还发挥了形象好、亲和力强的优势。代表着杭州地铁形象的"彩虹服务"品牌还要肩负起"彩虹课堂"宣讲、养老院服务等工作。冯云晖解释道："我们能够承担司机的角色，也能承担更多责任。"过段时间，车队还要组织司机们走进社区、学校，宣讲文明乘车知识，引导更多市民乘客文明、安全、绿色出行。

　　从人才培养角度出发，杭州地铁每个岗位都有着完整的培训体系，还有"导师制度"，每一位新员工都有自己的导师。17 名"95 后"地铁女司机安全驾驶里程累计超 135 万 km，这靠的是日复一日的练习养成的专注、专心、专业的职业素养。不管是女性，还是男性，能够胜任这份工作，都十分"了不起"。

（摘编自《杭州日报》，2024 年 3 月）

笔记区

任务考核

班级		姓名		学号	
小组分工				日期	

任务描述

　　本任务聚焦于提升城市轨道交通客运服务人员的仪容细节水平，通过系统学习与实践，确保每位服务人员都能以最佳形象服务乘客。

　　任务要求：

　　城市轨道交通客运服务人员的仪容，是展现其职业素养与企业形象的重要窗口，会直接影响乘客对服务的第一印象及后续的服务体验。完成仪容展示，并完成考核。

笔记区

任务准备

一、选择题

1. "首因效应"指乘客对客运服务人员的第一印象主要来源于（　　）。

　　A. 服务技能　　B. 仪容仪表　　C. 语言表达　　D. 工作效率

2. 男性客运服务人员的发型长度要求是（　　）。

　　A. 前可遮眉，侧可及肩

　　B. 前不遮眉，侧不过耳，后不及领

　　C. 可剃光头，但需戴帽

　　D. 允许留大鬓角

3. 女性客运服务人员盘发时，发尾超过衬衫衣领下沿的正确处理方式是（　　）。

　　A. 扎马尾　　　　　　　　B. 披散头发

　　C. 盘成发髻并收于发网　　D. 剪成短发

4. 绿色遮瑕膏主要用于遮盖（　　）。

　　A. 黑眼圈　　　　　　　　B. 痘印、泛红肌肤

　　C. 暗沉蜡黄　　　　　　　D. 毛孔粗大

5. 女性职业妆容的"避人原则"强调（　　）。

　　A. 避免使用鲜艳唇色　　　B. 避免当众补妆

　　C. 避免使用假睫毛　　　　D. 避免使用粉底

二、填空题

1. 男性客运服务人员发型长度要求中，后部头发不得触及_____。

续上表

任务准备	2. 女性客运服务人员上岗时禁止佩戴_____、彩色发卡等复杂头饰。 3. 职业淡妆的底妆步骤中，需先涂抹_____和乳液以修整肌肤。 4. 女性客运服务人员中长发长度要求发尾不超过衬衫衣领下沿，上岗时必须露出双耳且刘海不遮住_____。	
任务实施	男女生分小组拍摄仪表礼仪视频；展示发型和面部妆容。 小组内互评，小组长打分，并交流经验。	

笔记区

任务评价

城市轨道交通仪容礼仪评价表（女生）

评价项目	子项目	评价标准	分值（分）	得分（分）
发部	发型发式	刘海长度是否超过眉毛，是否修剪整齐；发长过肩的同学是否盘发；盘发是否整洁得体	15	
	整体效果	无过多碎发；干净整洁、无艳丽夸张头饰；头发颜色不明显夸张、没有烫发	15	
面部	底妆	工具和粉底选用是否正确；底妆是否涂抹均匀；面部明显瑕疵有无遮盖；面部与脖子的衔接是否合理	15	
	眉毛	是否修剪整齐；眉形搭配是否合理；眉笔色彩是否合适；眉笔使用是否正确	15	
	眼线	眼线颜色是否得体；眼线是否符合淡妆要求；眼线是否均匀、有无残缺；是否适合自己的眼睛	10	
	睫毛	睫毛夹使用是否正确；睫毛膏颜色是否得体；睫毛膏涂抹方法是否正确	10	
	化妆步骤	化妆步骤是否正确；化妆时间是否超过10分钟	20	
合计			100	

续上表

任务评价	城市轨道交通仪容礼仪评价表（男生）				
	评价项目	子项目	评价标准	分值（分）	得分（分）
	发部	发型发式	刘海是否超过眉毛；是否留大鬓角；后面的头发是否超过衣领；头顶头发是否竖起过长	15	
		整体效果	是否为怪异发型；干净整洁、没有明显头屑；头发颜色不明显夸张、没有烫发；面部整洁	15	
	面部及其他	面部清洁	面部干净无油光、无痘；胡须剃净或修剪整齐	40	
		口腔卫生	牙齿清洁、无异味；口气清新	10	
		指甲修剪	指甲修剪整齐、无污垢；长度适中，不超过指尖	10	
		手部清洁	手部干净、无污渍；皮肤无明显干燥或皲裂	10	
	合计			100	

笔记区

任务二
规整仪表礼仪

📖 知识准备

城市轨道交通的仪表礼仪涵盖着装与配饰。着装方面，工作人员需穿统一、整洁、得体且符合企业形象的制服，不同岗位有区分。配饰要简洁适度，工牌佩戴需显眼。无论是男士还是女士，其职业正装的选择与穿着都有相应规范，此外还将介绍领带、丝巾的多种系法，以助力展现专业形象，提升服务质量。

一、仪表礼仪

城市轨道交通从业人员需统一穿着整洁规范的制服，体现专业形象。具体要求如下。

1. 着装

- 统一性：工作人员需穿着统一设计的制服，确保款式简洁大方，符合企业形象与行业特点。

- 整洁度：制服应保持干净整洁，无破损、污渍或褶皱，体现专业性与可靠性。

- 颜色选择：多采用稳重的色系，如深蓝色、深灰色等，部分岗位制服可能会加入橙色元素，以提高辨识度与安全性。

- 岗位区分：不同岗位制服应有明确区分，如站务人员、司机、客服人员等，这样便于乘客识别。

2. 配饰

- 简洁适度：可佩戴工牌、手表等，但避免佩戴夸张首饰，以免影响工作操作或给乘客带来不适。

- 工牌佩戴：工牌应端正佩戴于显眼位置，便于乘客识别身份。

二、男士职业正装

1. 男士职业正装的挑选要点

西装作为国际通行的正装形式，是商务场合着装的首选。城市轨道交通服务人员在选择职业装时，需综合考量面料、色彩、版型、工艺等核心要素。其着装体系与常规商务装相似，但色彩体系需符合轨道交通行业特性，夏季可仅着衬衫西裤，部分单位采用改良中山装亦属可行方案。

1）西装上衣

面料：鉴于西装常作为正装或礼服穿着，在面料选择上应追求高品质。一般情况下，毛料是西装的首选材质。

色彩：西装的颜色务必庄重、正统，避免过于轻浮随意。净色且偏深的整套西装适用于多种场合，使用频率颇高。依据这一要求，藏蓝色应是西装颜色的首要选择。此外，灰色或棕色的西装也较为适宜，黑色西装则更适合在庄重肃穆的场合穿着。考虑到中国人肤色偏黄，在挑选职业装颜色时，应尽量避开黄色、绿色、紫色，优先选择深蓝色、深灰色、中性色等色系。肤色较暗的男士，可考虑浅色系与中性色。带有明袋的上装一般适合较为休闲的场合，而暗袋上装则适配正式场合。城市轨道交通客运服务人员的制服外套多为统一款式，夏季通常为长袖西装样式，秋冬则采用保暖性良好的毛呢类或羽绒类材质，颜色涵盖绿色、黄色、红色和深蓝色。由于地铁工作环境的特殊性，许多制服面料中加入了大量橙色，以保障员工安全。

款式：为展现成熟稳重的形象，西装一般以无图案为佳。按照西装上衣纽扣数量，可分为单排扣和双排扣。通常认为，单排扣西装上衣较为传统，双排扣的则更显时尚。

2）衬衫

城市轨道交通企业在员工入职后会发放衬衫工装，但员工自身也需了解如何挑选适合职场的衬衫。

经典的白色衬衫永不过时，能彰显智慧、沉稳的气质，浅蓝色细条纹衬衫也可接受。应避免穿着带有图案或条纹的衬衫。正装衬衫多选用纯棉高支数精纺面料，质地应光滑柔软，厚度以不透出胸部皮肤为宜。城市轨道交通客运服务人员的制服衬衫常见白色，也有蓝色和粉色，能给人干净、明亮、可靠之感。

笔记区

衬衫的合身程度至关重要，不合身的衬衫会影响外套的整体观感与气质形象。判断衬衫是否合身，可从衣领、肩线、衣襟、衣袖、袖口、袖管和下摆等方面考量。衣领应刚好贴合脖子周围皮肤，且不会产生压痕，能允许手指在衣领与脖子间自由滑动而无压迫感。合适的肩线应垂直，手臂挥动时不会使肩线变形。扣上纽扣后，衣襟应轻轻贴于胸骨处，有舒适感。衣袖的袖筒上臂应略宽于袖口，具有一定垂感和松动度，手臂弯曲时无紧绷感，放下后手肘处无突起。袖口应靠近手腕皮肤，且与手腕间保留一指宽度。袖管长度应刚好到达手腕，衬衣下摆应能覆盖住皮带，大约超出腰间皮带一英寸，如图 2-23 和图 2-24 所示。

笔记区 ✎

图 2-23　男士衬衫领口处大小

图 2-24　男士衬衫袖口处大小

衬衫的样式应该遵循极简原则，在样式上不应该有过多修饰。

（1）袖子样式。正装衬衫必须是长袖，短袖衬衫属于休闲衬衫，在正式的商务社交场合不够正式，公司规定的制服除外。

（2）领子样式。标准的衬衫领型一般为左右领尖的夹角 75°～90°（以 85°居多），如图 2-25 和图 2-26 所示。除此之外的日常领型，主要有长尖领、温莎领、扣角领、异色领、伊顿领、暗扣领和纽扣领等。

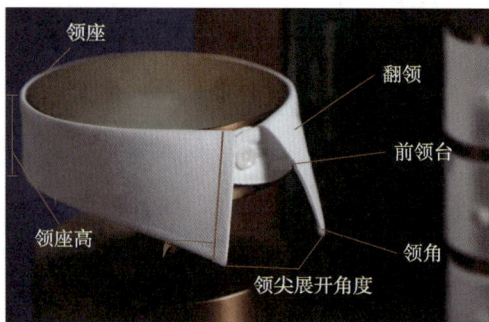

图 2-25　男士衬衫领口

● 长尖领：长尖领比标准领更尖，夹角更小，能展现强烈的时尚感，搭配领带时打结不宜过大，以细长的平结或双平结为宜，如图 2-27 所示。

图 2-26　男士衬衫标准领

图 2-27　男士衬衫长尖领

● 温莎领：温莎领左右领子角度为 120°～180°，它因温莎公爵喜爱的方正宽大领带结而得名。该领型不仅能完美展示领带结，还可在一定程度上修饰脸型，让人看起来更精致温柔，极具浪漫气息，如图 2-28 所示。

● 扣角领：扣角领在领尖位置设有纽扣，原本是为马术运动员设计的，用于防止衬衫领角被风吹起，一直以来被视为运动或休闲领型，常见于牛津纺衬衫、格子休闲衬衫和高支棉衬衫，因其材质略挺，不太适合正式场合，搭配领带时适合较小的领带结，如图 2-29 所示。

图 2-28　男士衬衫温莎领

图 2-29　男士衬衫扣角领

● 异色领：异色领即领子颜色与衬衣主体颜色和花型不同，多为标准领或敞角领，其中白领子配素色条纹较为常见，如图 2-30 所示。

● 伊顿领：伊顿领领尖圆润，起源于 19 至 20 世纪交替时期，又称为"老式领"，穿着此类衬衫必须搭配领带，适合与古典式西服搭配，如图 2-31 所示。

图 2-30　男士衬衫异色领　　　　　图 2-31　男士衬衫伊顿领

● 暗扣领：暗扣领左右领尖缝有暗扣，通常用于制作较正式的衬衫款式，必须打领带且结要打得小些，搭配的领带花型多为传统保守的条纹或英式条纹面料，如图 2-32 所示。

图 2-32　男士衬衫暗扣领

● 纽扣领：纽扣领领尖开有扣洞，衬衫上配有相应纽扣可扣在领子上，风格较为随意自然、舒适便捷，多用于休闲风格衬衫，如图 2-33 所示。

图 2-33　男士衬衫纽扣领

（3）袖口样式。袖口样式的主要区别体现在使用纽扣还是袖扣进行扣合，以及袖口是单层还是双层。圆形袖口使用纽扣扣合，其样式可依个人喜好来选择。法式袖口（对折款式）需将袖口对折后用袖扣扣合，更为正式。法式袖口（单层）则直接使用袖扣扣合，无须对折，一般搭配晚礼服，是最正式的袖口样式，如图 2-34 所示。

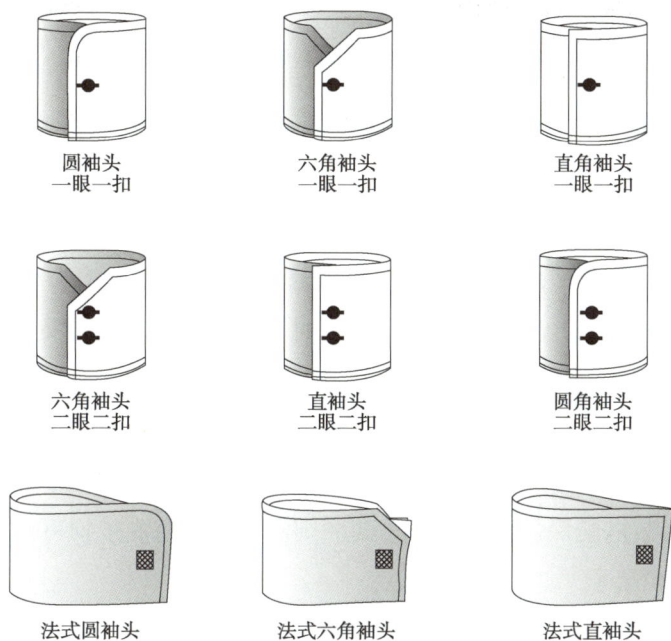

图 2-34　袖口样式选择

（4）口袋样式。根据精简原则，正装衬衫不应有口袋，口袋常见于非正式衬衫、休闲衬衫或工作衫，其主要作用是放置名片、卡片或小工具等，因此这种有口袋的设计不适用于正装衬衫。

（5）背部样式。衬衫背部应无褶裥，有褶衬衫的设计初衷是为了增加肩部活动空间，适合开车、工作、日常休闲等场合，但不适用于正装衬衫。

3）领带

领带风格应与西装和衬衫相协调，长度至皮带扣处为宜。真丝领带为首选，亚麻易皱，合成纤维难打结且显低档。斜纹领带显权威（见图 2-35），圆点或方格领带显规矩（见图 2-36），不规则图案领带则较随意，适合非工作场合。

图 2-35　斜纹领带

图 2-36　圆点领带

4）裤子和腰带

裤子：在职场穿搭中，裤子常被忽视，但它其实是串联整体风格的关键。一条合适的裤子应适配场景，低调且合体。合体表现为坐下、站立、行走时无明显变形，无过多褶皱，坐下时不露出袜子。站立时，裤子长度应刚好到达鞋面，并稍微覆盖鞋面。

腰带：腰带材质以牛皮为佳，皮带扣大小要适中，样式和图案不宜过于夸张，其颜色应与裤子、鞋子相协调，一般以黑色皮质、银色锁扣为宜。深色西装搭配深色腰带，浅色西装则深色、浅色皮带均可搭配。

5）鞋和袜子

鞋：穿着制服时应搭配皮鞋，注重色彩和风格的统一。纯牛皮光面皮鞋是首选，颜色以自然色、深色为主（黑色最佳）。男士单鞋一般分为系带式和简便式，系带式是经典正装款式，近年来简便的松紧式皮鞋也逐渐成为正装的选择之一。无论何种款式，都应选择造型不尖不圆不扁的皮鞋，皮面不宜过于光亮，最好具有头层牛皮的亚光质感。皮鞋应保持洁净，如有条件，可随身携带纸巾擦拭灰尘。皮鞋颜色要与衣服相协调，搭配西装时，深色套装搭配深色皮鞋，浅色西装搭配浅色皮鞋。一般深蓝色或黑色职业装搭配黑色皮鞋，咖啡色系职业装则可搭配棕色皮鞋。压花、拼色、蛇皮、鱼皮和异形皮鞋不适合搭配正式职业装。对于城市轨道交通客运服务人员，通常要求搭配黑色鞋子，且尽量避免光面，选择厚底鞋子更为舒适，因为工作中长时间站立或行走，舒适的鞋子能有效缓解脚部疲劳。

袜子：深色袜子可搭配深色或浅色西装，浅色袜子只适合搭配浅色西装，忌用白色袜子搭配西装，尤其要避免黑皮鞋配白袜子。袜子长度应以坐下跷起腿后不露出皮肤为宜。

2. 男士职业正装的穿着规范

在城市轨道交通服务人员的职业形象塑造中，统一制服承担着双重功能：既通过鲜明的视觉标识强化乘客信任感与专业认知，又通过规范着装激发员工的职业归属感与责任感。当制服与工牌形成完整体系时，更能发挥内在约束与外在展示的协同效应，同时营造出整齐划一的团队美学效果。

男士正装穿着规范

尽管各城市轨道交通企业的制服设计各具特色，但主流款式集中于西装商务型与军装功能型两大体系。管理岗位普遍采用西装款式，其着装规范具有标准化要求。

1）男士职业装的穿着注意事项

着装合体至关重要，正常状态下，外穿西装后，衬衫胸部应平整，无多余褶皱，活动不受限。若想让穿着效果更理想，量身定制是最佳选择。若购买成衣，就必须了解成衣的型号标识。例如，常见的西装号码 170/92A、175/96A，采用的是国家标准号型，其中"号"指人体身高，"型"表示（净）围度，上装对应胸围，下装对应腰围，A 或 B 是体型分类代号，A 代表正常体型，B 代表偏胖体型，C 代表肥胖体型，Y 代表偏瘦体型。购买时一定要选好合适的型号。

在穿着西装时，有以下具体穿法需要格外留意。

（1）去除衣袖标识。西装上衣左边袖子的袖口处，通常会缝有商标，有时还会附带一块纯羊毛标志。在穿西装前，务必将它们拆除。

（2）保持平整挺括。除了要定期干洗西装，每次正式穿着前，都要认真熨烫，使其保持平整。

（3）正确系扣方式。一般在站立时，特别是在大庭广众之下起身站立，西装上衣的纽扣应系上，以显郑重；就座后，为防止西装变形，纽扣要解开。单排扣西服系纽扣时，一般遵循"系上不系下"原则，即最下面那粒扣子通常不系（1 粒扣西装除外）；双排扣西服则需把所有扣子都系好。若公司有统一规定，则按规定执行。

（4）切勿挽卷衣物。在公共场所，绝对不能挽起西装上衣的衣袖，随意卷起西裤裤管同样不符合礼仪规范。穿着军装风格款式制服时，要按规定系好衣扣，不得挽袖、披衣、敞怀、卷裤腿，内穿毛衣、绒衣、背心时，尽量不要外露。非因公外出应穿便装。

笔记区

（5）精简口袋物品。在正式场合，西服口袋应尽量少放东西，裤耳上也不要挂任何物件，以保证西服服帖、挺括、垂顺。西装上衣左侧的外胸口袋，除了可插入一块装饰用的真丝手帕，不准再放其他东西，尤其不能别钢笔、挂眼镜。内侧胸袋可用来别钢笔、放钱夹或名片夹，但不要放置过大、过厚或无用的物品。外侧下方的两只口袋，原则上不放任何东西。

（6）注重穿着搭配。与西服搭配穿着的衬衫紧邻颈部下方，衬衫领子对整体搭配效果影响很大。颜色方面，白色无花纹衬衫最常见，适用多种场景，即便不选白色，制服衬衫也多为纯色。领型一般优先选择方领，领子夹角约 90° 的标准领适合各类长相的人。衬衫的领围大小以系好顶扣后，脖子能容纳两指为宜。衬衫领口要高于西服外套 2～2.5cm，领口、袖口要保持干净、平整、不起皱。无论是单穿还是搭配西服，衬衫都应合身、挺括，且要贴身穿着，切勿在衬衫内穿内衣、背心、T 恤等。在工作场合，衬衫下摆建议均匀束进西裤。打领带时，衬衫顶扣必须系上；不打领带时，顶扣可以解开不系。衬衫袖长以手臂向前伸直时超出西服外套 1～2.5cm 为佳。西裤的裤缝线要挺直，自然垂到鞋面，从后方看，裤脚应恰好长至鞋帮与鞋跟的连接处，裤脚距离地面 1cm，这样能修饰腿型，使其看起来更修长。门襟上的拉链及纽扣要全部拉好或系好，腰线处的挂钩也要挂好，若感觉腰围发紧，不应随意解开扣子和挂钩。除非工作需要，一般裤耳上不挂任何东西。图 2-37 所示为男士西装的正确穿着。

图 2-37　男士西装正确穿着

2）易犯的错误

城市轨道交通企业的部分员工可着便装上班，即便由员工自由选择服装，也应选择商务休闲款式。在选配时，要注意以下方面，避免搭配时发生错误。

（1）着装暴露失礼：在社交场合，男士穿无袖或无领的衣服是较为无礼的行为，应尽量避免。

（2）图案装饰不当：工作中，衣服上若有明显品牌标签会格外引人注目，有大比例卡通图案则显得不够稳重。

（3）尺码不合身：穿着太肥大的衣裤会让人显得没精神，太紧身的衣服则不利于行动。

（4）服饰过于花哨：穿着闪闪发光的衬衫或外套，不符合职场着装规范。

（5）颜色搭配突兀：穿着颜色过于鲜艳或撞色的衣服，会给人不稳重的感觉。

（6）领口扣位错误：穿着 T 恤或衬衫时，领口开扣超过 1 颗，不符合职业着装要求。

（7）衣物陈旧变形：穿着衣裤褶皱明显或掉色严重的衣服，会影响整体形象。

（8）鞋袜搭配失误：鞋袜颜色跳色，或穿短丝袜，搭配不协调，不符合职场礼仪。

（9）配件搭配不当：皮带款式与服装不搭配，破坏整体搭配效果。

（10）穿着搭配混乱：穿短袖衬衫或夹克打领带，以及穿短裤、半截裤、七分裤，或裤身较短，都不适合职场穿着。

3）职业装着装技巧

（1）款式简约为宜：尽量选择净色或花纹不明显的衣服，更显稳重得体。

（2）材质选择讲究：衣裤建议选用混纺面料，以避免产生褶皱。

（3）遵循色彩原则：常规配色为上身浅色，下身深色，全身颜色控制在三种以内。

（4）配件颜色统一：鞋子、皮带、公文包尽量选择同一个颜色，以深色（接近黑色）为首选。

（5）着装整齐利落：将衬衫或有领 T 恤束进裤子，展现整洁干练

笔记区

形象。

（6）鞋袜协调搭配：鞋、袜颜色尽量接近或一致，使整体搭配更协调。

（7）鞋款简洁大方：穿着款式简单的皮鞋，符合职场风格。

三、女士职业正装

1. 女士职业正装的选择

女士挑选西服款式时，西服套裙往往是热门之选。它由西装上衣与半截式西装裙构成，也就是大众熟知的女士套装。此套装能淋漓尽致地展现女性的干练、成熟与洒脱，还能凸显其优雅、文静、大方和庄重的气质。当然，西装上衣搭配裤子也是不错的选择，这种搭配在行动与工作时更为便利，如图 2-38 所示。

图 2-38　女士裤装与裙装职业装

在选择女士职业装时，一般可根据以下几种方式来选择。

（1）依体型适配：女性挑选职业装需紧密结合自身体型，如此方能尽显美丽。女性体型一般分为 X 型、I 型、A 型、Y 型、H 型和 O 型。在挑选过程中，应依据自身体型进行合理搭配，塑造出干练且美丽的外在形象。

（2）按职业择装：女士套装涵盖裙装和裤装，二者皆可展现女性的干练与优雅。不过，裙子在凸显女性气质方面更胜一筹，若出入场合无特殊要求，裙子更能展现女性特色，尤其是腿部线条优美的女士，穿裙子更为适宜。套裙主要有两种基本类型，一种是女式西装上衣与任意裙子自由搭配形成的"随意型";另一种是女式西装上衣和裙子成套设计制作的"成套型"或"标准型"。裙子多以窄裙,即"一步裙"为主。考虑到行动便捷,裙子长度可选择至膝盖或膝盖上方 3～5cm 处,通常不会长过小腿中端,且上班时禁止穿超短裙。在城市轨道交通企业等部分场合,裤装更实用,因其方便客运服务人员工作,所以多数企业的职业装会选用裤装。挑选裤装时,注意不宜过紧,贴身且有垂感为佳。

(3)凭搭配协调:女士套装款式繁多,常见制服多首选深色。上衣要注重平整贴身,最短可至齐腰位置。衬衫可选择白色、米色、粉色等浅单色,或带有简单线条、图案装饰的款式。需注意,衬衫下摆务必塞进裙子里。当女士制服需系领花或丝巾时,要系好衬衫顶扣;不系时,顶扣可解开。在公众场合,女士不可随意解开衣扣,脱外套也应避开他人。建议女士依据个人需求常备 2～3 套职业装以便换洗。进行全身职业装搭配时,务必尽量统一颜色,一般遵循三色原则,避免颜色过于鲜艳,以防显得不够正式。

(4)据尺寸合身:套裙在整体造型上的变化,主要体现在长短和宽窄两方面。选择衣服尺寸时,要根据自身胸围调整,可从侧面确认肩和胸是否合适。双手自然下垂,观察大臂后侧袖子是否服帖。挑选时,切不可选过于短小且紧身的正装,这类服装不仅给人不稳重之感,还会让职场女性行动不便,动作稍大就可能出现扣子解开或衣服开线导致走光的情况。因此,工作中应更多展现爱岗敬业精神与执着态度,而非个人优美线条。

(5)从颜色考量:职业装颜色应以冷色调为主,以此体现着装者的典雅、端庄和稳重。同时,要与当下流行的各种"流行色"保持一定距离,彰显自身的传统与持重。一套套装的颜色总数最好不超过两种,否则易显杂乱。职业套裙的最佳颜色有黑色、藏青色、灰褐色、灰色和暗红色,精致的方格、印花和条纹图案也可接受。要避免选择红色、黄色或淡紫色的两件套裙,防止颜色过于夺目。

2. 女士职业正装的穿着

身着职业服装,不仅是对服务对象的尊重,还能让着装者产生职业自豪感与责任感,是敬业、乐业在服饰方面的具体体现。女性职业装相较男性更具个性,但有些规则是所有女性都必须遵循的,每位女性都应形成一种能展现自身个性和品位的风格。规范穿着职业服装的要求为整齐、清

笔记区

女士正装穿着规范

洁、挺括、大方，尤其是在正式场合，女士着装切忌短、露、透。

（1）整齐规整：服装要合身，袖长刚好到手腕，裤长至脚面，裙长接近膝盖，尤其要注意内衣不能外露。衬衫领围和袖围以能插入一指大小为宜，裤裙腰围以插入五指为宜。不挽袖、不卷裤，扣子要扣好，不能漏扣或掉扣；衬衫袖口应露出外套 1~2.5cm。领花、领带、领结、飘带与衬衫领口要紧密吻合且不能系歪；若有工号牌或标志牌，要佩戴在左胸正上方，部分岗位还需戴好帽子和手套。若穿裙装，里面要穿衬裙，特别是穿丝、棉、麻等薄型面料或浅色面料套裙时，不穿衬裙很可能导致内衣显露。

（2）清洁干净：穿着职业装时，整套衣服务必干净整洁，严禁穿着破损或残旧的职业装。衣裤要无污垢、油渍和异味，领口和袖口处尤其要保持洁净。此外，还要留意鞋面干净（鞋面是常易被忽视的地方）。

（3）挺括有型：衣裤不能有褶皱，穿前要熨烫平整，穿后要挂好，确保上衣平整、裤线笔直。

（4）大方得体：款式要简洁高雅，线条要自然流畅，便于在岗位上开展接待服务工作。

四、领带系法

1. 平结

平结作为领带系法中最基础的款式，以简洁对称著称，适合日常通勤场合。其打法步骤如下（图 2-39）。

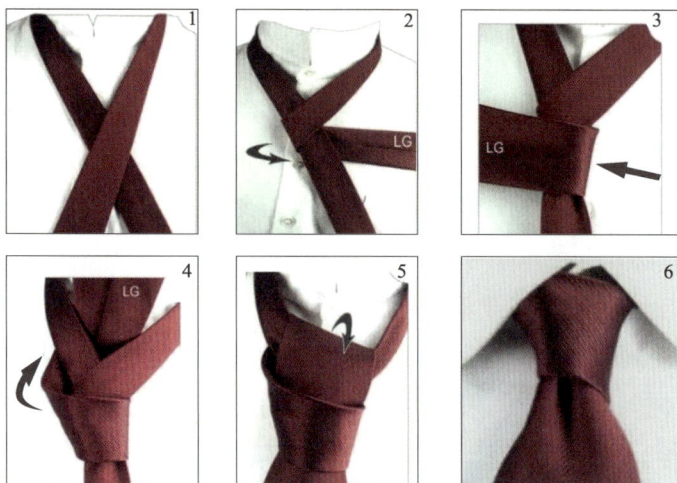

图 2-39　平结系法示意图

第一步：初始定位，宽的一端（以下简称大端）居右，窄的一端（以下简称小端）居左，保持领带背面朝外。

第二步：交叉构建，将大端由外向内穿过小端前侧，形成基础交叉结构。

第三步：领口穿越，保持交叉角度，将大端自下而上穿过领口间隙。

第四步：二次交叉，将大端继续向左后方延伸，与小端形成二次交叉。

第五步：向下穿行，将大端由领口内侧向下穿出，预留调节长度。

第六步：成结调整，轻拉小端，使大端自然垂落形成平结雏形。

第七步：三角定型，通过调整两端松紧，塑造出饱满对称的三角形结体。

第八步：最终固定，将大端多余部分收入结后隐藏，完成简洁利落的平结造型。

2. 半温莎结

半温莎结是一种比较浪漫的领带打法，近似正三角形的领形比四手结打出的斜三角形更庄重，结形比四手结稍微宽一些，适用于任何场合。在众多衬衫领形中，半温莎结与标准领是最完美的搭配，能使人看起来有风度，更有自信。如果是在休闲的时候，用粗厚的材质系半温莎结，能突显出一股随意与不羁的气质。其具体打法步骤如下（图2-40）。

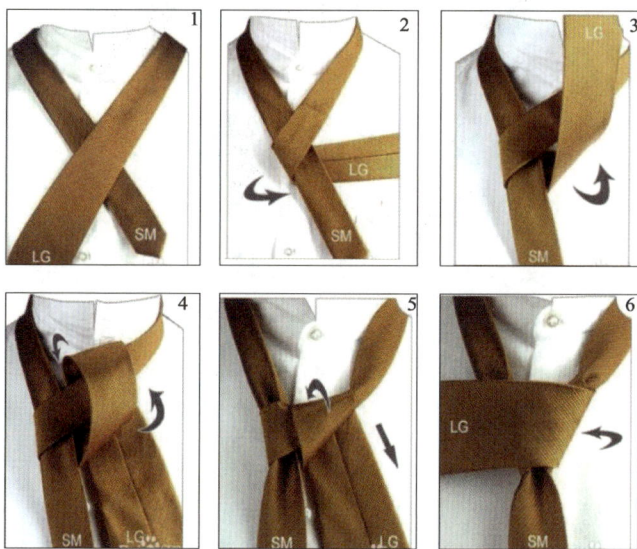

图2-40 半温莎结系法示意图

第一步：大端在左，小端在右。大端在前，小端在后，呈交叉状。

第二步：将大端向内翻折。

第三步：大端从右边翻折出来之后，向上翻折。

第四步：大端旋绕小端一圈。

第五步：拉紧。

第六步：将大端向左翻折，成环。

第七步：由内侧向领口三角形区域翻折。

第八步：打结，系紧，完成。

3. 温莎结

温莎结是一种较为隆重的领带打法，其结形宽大、饱满，能展现出佩戴者的优雅与自信，适合在正式、庄重的场合佩戴，如商务会议、重要晚宴等。在众多衬衫领形中，温莎结与温莎领、宽角领等较为宽大的领形搭配最为相得益彰。其具体打法步骤如下（图2-41）。

图 2-41　温莎结系法示意图

第一步：大端在右，小端在左。大端在前，小端在后，呈交叉状。

第二步：将大端向内翻折，从左侧下方绕过小端，然后从领口上方穿出。

第三步：把穿出的大端从领口上方再绕到右侧，此时大端位于小端下方。

第四步：将大端再次从右侧绕过小端，从领口下方穿出，此时大端在左侧。

第五步：把大端从左侧再次绕到领口上方，然后向右侧翻折，从领口下方穿出，形成一个较大的环。

第六步：将大端从环的内侧向领口三角形区域翻折。

第七步：拉紧大端和小端，调整结的形状，使其对称、饱满。

第八步：完成。

4. 普瑞特结

与其他基本打法相比，普瑞特结的特点是开始打结时领带的背面朝外，这样做有一个好处是可以减少一个缠绕的步骤，领结形状似温莎结的端正，却又比温莎结体积要小，十分美观。其具体打法步骤如下（图2-42）。

图 2-42　普瑞特结系法示意图

第一步：大端在左，小端在右，大端在后，小端在前，交叉叠放。注意领带反面朝外。

第二步：如图 2-42 中箭头所示，由外至内，将大端向两者交叉的区域翻折。

第三步：将大端从左边拉出，也就是大端绕小端一圈，回到原位。

第四步：将大端向右平行翻折。

第五步：从内侧翻折到领口的三角形区域。领带结表面成环。

第六步：打结，系紧，完成。

五、丝巾系法

1. 巴黎结

巴黎结系法如图 2-43 所示。

第一步：利用重复对折将方巾折出领带型，绕在颈上打个活结。

第二步：将上端遮盖住结眼，并将丝巾调整至适当位置。

第三步：完成。

笔记区

图 2-43　巴黎结系法示意图

2. 西班牙结

西班牙结系法如图 2-44 所示。

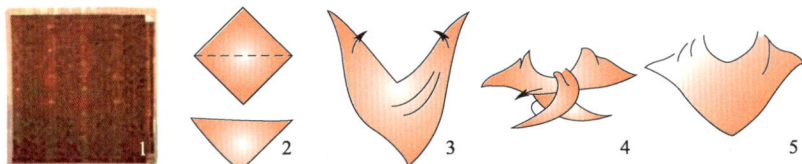

图 2-44　西班牙结系法示意图

第一步：将丝巾对折再对折成三角形。

第二步：三角形垂悬面在前方。

第三步：两端绕至颈后打结固定。

第四步：调整正面折纹层次，西班牙结完成。

3. 海芋结

海芋结系法如图 2-45 所示。

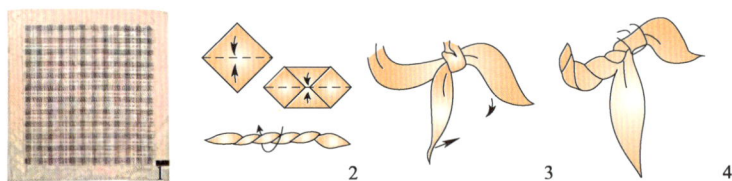

图 2-45　海芋结系法示意图

第一步：将丝巾重复对折，稍微扭转后绕在颈上。

第二步：重复打两个平结，并让两端保持等长。

第三步：将两端分别置于胸前及肩后。

第四步：完成。

4. 领带结

领带结系法如图 2-46 所示。

第一步：将丝巾对折再对折成领带型。

第二步：较长的 a 端绕过较短的 b 端，穿过丝巾内侧向上拉出。

第三步：穿过结眼向下拉出，并调整成领带型。

第四步：完成。

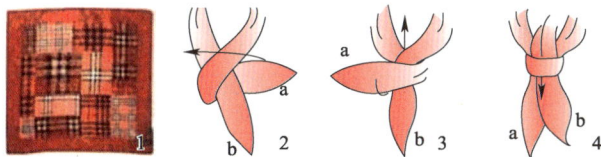

图 2-46 领带结系法示意图

5. 竹叶结

竹叶结系法如图 2-47 所示。

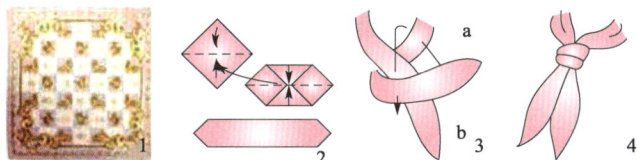

图 2-47 竹叶结系法示意图

第一步：将丝巾重复对折成领带型。

第二步：将丝巾绕在脖子上，较长的 a 端绕过 b 端穿过颈部内侧，再由结眼拉出。

第三步：将 a 端拉出后，拉紧固定，调整尾端与结的位置。

第四步：完成。

6. 凤蝶结

凤蝶结系法如图 2-48 所示。

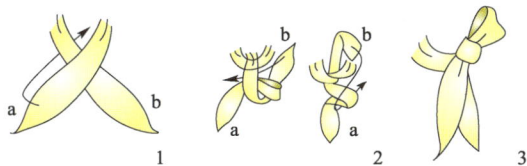

图 2-48 凤蝶结系法示意图

第一步：折出斜角口长带后，将 a 端拉长套在颈上，打个结。

第二步：将长的 a 端打个圈，短的 b 端绕过圈，打出单边蝴蝶结。

第三步：将单边蝴蝶拉好，结眼移到侧边，调整形状。

第四步：完成。

笔记区

深衣溯源

在华夏民族悠悠的岁月长河中，服饰文化熠熠生辉，承载着厚重的历史与丰富的文化内涵。深衣，作为传统服饰的杰出代表，以其独特形制与特点，彰显着华夏民族的礼仪与规矩，在时光流转中，巧妙融合现代元素，成为传统与现代交融的典范。

深衣的形制蕴含着深厚的文化底蕴。《礼记》有云："古者深衣，盖有制度，以应规、矩、绳、权、衡。"其制作遵循严格规定，尺度标准严谨。上衣与下裳的组合，交领右衽的设计，宽衣缓带的风格，尽显庄重优雅之态。纹样与色彩更是寓意深远，龙凤、牡丹等传统图案，寄托吉祥富贵；红、黄等鲜艳色彩，象征幸福美满。

自嫘祖制衣起，华夏服饰制度逐步完善。深衣形成了完备的章服规制，成为民族文化的象征。上衣下裳、交领右衽、宽衣缓带、系带隐扣等细节，体现了人们对服饰的严谨与尊重。这一制度不仅满足了人们的日常所需，更用以区分社会等级与身份地位。不同场合，人们依规定着装，既维护了社会秩序，也展现了个人修养。正因如此，华夏民族赢得了"衣冠上国""礼仪之邦"的美誉。

在现代社会，深衣并未被尘封于历史的角落。它巧妙地融入现代元素，焕发新的生机。改良后的深衣，在保留传统精髓的基础上，在款式、材质、工艺上大胆创新，更贴合当代审美与生活方式。深衣的演变，见证着华夏民族对传统文化的传承与发展，彰显着文化自信。它提醒着我们，传统文化是民族的根脉，只有坚守与创新并重，才能让其在新时代绽放光芒。

笔记区

任务考核

班级		姓名		学号	
小组分工				日期	
任务描述	本任务旨在使城市轨道交通客运服务人员熟练掌握并严格遵循仪表礼仪规范，以专业、得体的形象服务大众。 任务要求： 城市轨道交通客运服务人员的仪表礼仪直接关系到企业形象与乘客体验，完成仪表礼仪的展示，并完成考核。				
任务准备	一、选择题 1. 男士穿着西装时，单排扣西服系纽扣的一般做法是（　　）。 　　A. 全部系上　　B. 系下不系上　　C. 系上不系下　　D. 随意系 2. 女士职业装中，裙装的长度一般为（　　）。 　　A. 长到膝盖或膝盖上方 3～5cm 处 　　B. 长过小腿中端 　　C. 超短裙 　　D. 及脚踝 3. 男士职业装搭配中，鞋袜颜色的搭配原则是（　　）。 　　A. 鞋袜颜色跳色 　　B. 深色袜子搭配浅色西装 　　C. 白色袜子配西装 　　D. 鞋、袜颜色接近或一致 4. 下列关于衬衫袖长的描述，正确的是（　　）。 　　A. 袖口应紧束手腕 　　B. 袖长需覆盖整个手掌 　　C. 手臂前伸时超出西装外套 1～2.5cm 　　D. 袖口宽度应超过手腕 3cm 5. 关于领带系法的描述，错误的是（　　）。 　　A. 半温莎结适合标准领衬衫 　　B. 普瑞特结比温莎结体积更小 　　C. 不规则图案领带适合工作场合 　　D. 领带长度应至皮带扣处				

笔记区

续上表

任务准备	二、填空题 1. 城市轨道交通仪表礼仪主要包括_____和_____。 2. 西装面料一般首选_____，色彩上理当首推_____。 3. 正装衬衫必须是_____，标准的衬衫领型左右领尖夹角一般为_____。 4. 领带的长度以至_____处为宜，材质以_____为佳。 5. 女士职业装选择时，全身颜色一般遵守_____原则，套裙最佳颜色有黑色、藏青色、_____、灰色和暗红色等。 6. 女士职业正装穿着要求为整齐、清洁、_____、大方，正式场合要忌短、忌露、_____。
任务实施	男女生分小组拍摄仪表礼仪视频：展示领带/丝巾的打法和全套的正装。 小组内互评，小组长打分，并交流经验。

任务评价

城市轨道交通仪表礼仪评价表（女生）

评价项目	子项目	评价标准	分值（分）	得分（分）
打领带	打法选择	是否适合正式场合；是否适合自身的领带材质	10	
	打法完成	领带的打法是否正确；是否在五分钟之内完成	10	
	完成效果	打好后的领结是否美观、松紧合适；领带长度是否合理；领带佩戴是否正确	20	
	指定打法	打法是否正确；是否在五分钟之内完成；打好后的领带是否美观；长度是否合理	10	

笔记区

续上表

评价项目	子项目	评价标准	分值（分）	得分（分）
服饰	衬衫	是否符合正式场合；是否整洁、烫平	15	
	西裤皮鞋	西裤长度是否合适；是否熨烫整齐；皮鞋是否擦拭干净	15	
	整体协调	衬衫、西裤、皮鞋搭配是否协调；佩戴的饰物及手指甲是否满足服务人员的要求	10	
	丝巾系法	选择合适的丝巾，并能在五分钟内完成佩戴	10	
合计			100	

城市轨道交通仪表礼仪评价表（男生）

评价项目	子项目	评价标准	分值（分）	得分（分）
打领带	打法选择	是否适合正式场合；是否适合自身的领带材质	10	
	打法完成	领带的打法是否正确；是否在五分钟之内完成	10	
	完成效果	打好后的领结是否美观、松紧合适；领带长度是否合理；领带佩戴是否正确	20	
	指定打法	打法是否正确；是否在五分钟之内完成；打好后的领带是否美观；长度是否合理	10	

任务评价

笔记区

续上表

评价项目	子项目	评价标准	分值（分）	得分（分）
任务评价　服饰	衬衫	衬衫选择是否适合正式场合、是否合身；是否整洁、挺括；扎法是否正确；衣领、袖口是否符合规范	15	
	西裤	西裤长度是否合适；是否合身；是否熨烫整齐、有明显裤线	15	
	皮鞋与皮带	皮带和皮鞋样式是否满足正装要求；皮鞋是否擦拭干净	10	
	整体协调	是否满足三色原则；是否满足三一定律；是否穿深色袜子；佩戴的饰物及手指甲是否满足服务人员的要求	10	
合计			100	

项目三

仪之态——规范城市轨道交通服务仪态

项目说明

本项目聚焦城市轨道交通服务人员的仪态礼仪规范，旨在通过系统化的训练与实践，塑造服务人员专业、优雅的职业形象，进而提升服务质量与乘客满意度。仪态礼仪不仅是个人职业素养的直接体现，更是城市文明形象的重要窗口。因此，需从站姿、坐姿、行姿、蹲姿、手势、表情等多个维度对服务人员的仪态礼仪进行规范，并结合实际场景强化其应用能力，以此传递"以人为本"的服务理念。

本项目的思维导图如下。

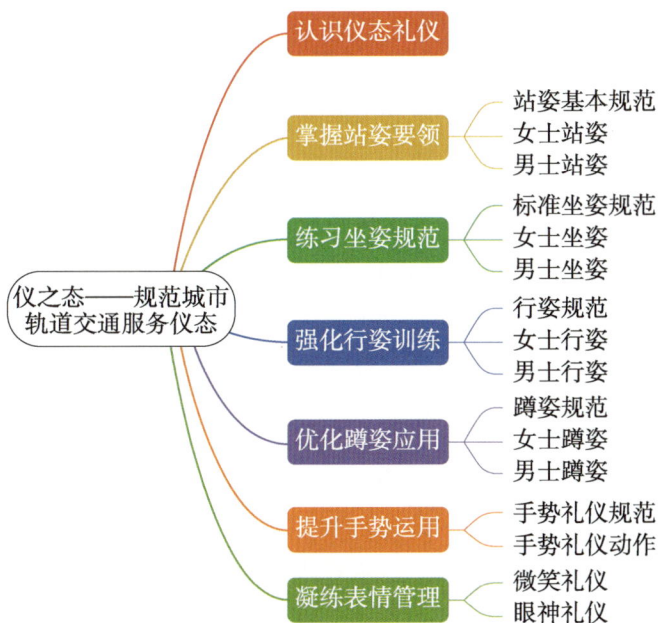

仪之态——规范城市轨道交通服务仪态

- 认识仪态礼仪
- 掌握站姿要领
  - 站姿基本规范
  - 女士站姿
  - 男士站姿
- 练习坐姿规范
  - 标准坐姿规范
  - 女士坐姿
  - 男士坐姿
- 强化行姿训练
  - 行姿规范
  - 女士行姿
  - 男士行姿
- 优化蹲姿应用
  - 蹲姿规范
  - 女士蹲姿
  - 男士蹲姿
- 提升手势运用
  - 手势礼仪规范
  - 手势礼仪动作
- 凝练表情管理
  - 微笑礼仪
  - 眼神礼仪

教学目标

◎ 知识目标

1. 理解服务仪态的基本概念与重要性。

2. 熟悉城市轨道交通服务仪态的基本原则与要求。

3. 了解不同岗位服务仪态的具体规范（站姿、坐姿、行姿、蹲姿、手势、表情等）。

4. 说出特殊场景下的服务仪态应用（引导、解答、应急等）。

5. 分析服务仪态自我训练与提升的方法。

◎ 技能目标

1. 使用规范的服务仪态进行日常工作。

2. 演示仪态礼仪（站、坐、行、蹲、手势及表情等）规范，并反复练习。

3. 通过服务仪态再现专业形象，提升乘客信任度与满意度。

4. 能妥善处理服务过程中的突发情况，保持得体仪态与服务态度。

◎ 素质目标

1. 养成服务人员良好的职业素养，树立"乘客至上"的服务理念。

2. 增强服务意识与责任心，形成主动服务、用心服务的职业态度。

3. 提升个人修养与道德品质，展现城市轨道交通行业文明形象。

4. 培养团队协作精神，塑造统一规范的服务仪态标准。

5. 强化自我约束与管理能力，养成持续保持规范仪态的职业习惯。

案例导入

在某城市地铁站的早高峰时段（8:00—9:00），客流量巨大，乘客情绪容易波动。站务员小李在站台执勤时，遇到一位因列车延误而情绪激动的乘客。小李通过规范的仪态礼仪，成功化解了乘客的不满情绪，展现了城市轨道交通服务人员的专业素养。

案例描述：早高峰时段（8:00—9:00），某地铁站站台，列车因故障延误10分钟，乘客情绪激动。

乘客行为：

一位中年男性乘客因列车延误，大声抱怨并指责站务员小李："你们地铁怎么回事？每次都延误！我还有重要会议！"

站务员小李的应对：

站姿端正：小李保持挺拔的站姿，双手自然下垂，展现出专业和自信。

微笑服务：面对乘客的抱怨，小李始终保持微笑，眼神友善，传递出理解和关怀。

语言礼貌：小李用温和的语气回应："先生，非常抱歉给您带来不便。列车因故障延误，我们正在全力处理，预计 5 分钟后恢复运行。"

主动帮助：小李主动询问乘客是否需要帮助联系公司或改乘其他交通工具，并提供热水和座椅供乘客休息。

耐心倾听：小李耐心倾听乘客的抱怨，并不时点头表示理解，避免打断乘客的发言。

结果：

乘客的情绪逐渐平复，对小李的态度表示认可："你们的服务态度还不错，希望以后不要再出现这种情况。"其他乘客也对小李的专业表现表示赞赏，站台秩序很快恢复正常。

引导问题：

在城市轨道交通服务中，规范站姿还可能在哪些场景发挥重要作用？微笑与眼神交流在城市轨道交通服务仪态中，怎样与其他肢体语言协同来提升服务效果？仪态管理如何助力塑造专业形象，进而提供优质服务？

任务一
认识仪态礼仪

📖 知识准备

城市轨道交通仪态礼仪，指的是城市轨道交通服务人员在工作场景中，在乘客面前所应遵循的行为举止方面的特定原则与规范体系。

仪是指人的外在表现形式，态是指人的状态。仪态美是一个人在社会活动与交往中所表现出来的、被人所认可的、具有积极意义的整体印象，是人的内在要素与外在要素在不同环境下综合体现出的美的姿态、优雅的气质和风度，是内在气质的外在体现。仪态美既建立在一个人的内在美（即心灵美）的基础上，又准确地将其表现出来。没有心灵美，便难有真正的仪态美；而离开了仪态美，心灵美同样难以得到展现。

美国心理学家梅拉比安的研究表明：在人际沟通所传递的信息中，语言内容仅占7%，语音语调占38%，而体态语言占比高达55%。这一理论揭示，个体的日常仪态举止能够直观地反映其内在修养与情绪状态，相较于语言表达，体态传递的深层信息往往更具真实性与可信度，这也印证了优雅得体的仪态在人际互动中占据关键地位。

仪态礼仪是城市轨道交通从业人员在客运服务场景中，基于职业特性与乘客需求所必须恪守的行为范式与操作准则。作为服务形象的核心载体，优雅得体的仪态不仅是服务者职业素养的外在标志（如挺拔站姿彰显专业训练痕迹），更是其内在修养与自信风范的具体呈现（如微笑传递真诚服务意愿）。从业人员需以乘客体验为中心，通过精细管控肢体语言（如手势幅度）、表情管理（如眼神交流频率）及空间礼仪（如社交距离保持），在服务全流程中贯彻尊重性原则（如倾听时身体前倾15°）、共情式沟通（如安抚焦虑乘客时降低语速），以此构建可信赖的职业形象，助力打造"有温度的城市出行服务窗口"。针对轨道交通行业高客流、快节奏的特点，其核心仪态礼仪体系涵盖以下几个部分：

（1）挺拔的站姿礼仪。

（2）端庄的坐姿礼仪。

（3）标准的行姿礼仪。

（4）优雅的蹲姿礼仪。

（5）恰当的手势礼仪。

（6）规范的微笑、眼神、表情等礼仪。

文化传承

《韩诗外传》关于《孟子欲休妻》的典故：

孟子妻独居，踞。孟子入户视之，谓其母曰："妇无礼，请去之。"母曰："何也？"曰："踞。"其母曰："何知之？"孟子曰："我亲见之。"母曰："乃汝无礼也，非妇无礼。《礼》不云乎？'将入门，问孰存。将上堂，声必扬。将入户，视必下。'不掩人不备也。今汝往燕私之处，入户不有声，令人踞而视之，是汝之无礼也，非妇无礼也。"于是孟子自责，不敢言妇归。

翻译此典故，事件经过概括如下：

夏日炎热，孟子的妻子劳作后独自在房中休息，以"箕踞"（双腿张开席地而坐）姿势放松。孟子未遵循《礼经》要求（入门需叩门、高声传扬、低头避嫌），径直闯入房间，目睹妻子坐姿。以"无礼"为由欲休妻，认为妻子的行为违背妇德。向孟母禀明："妇无礼，请去之。"孟母反问孟子："何知之？"（你如何知晓此事？）由此，指出孟子三处失礼：①未敲门——侵犯隐私；②未传声——未给妻子整理仪态的时间；③未低头——直视妻子不避嫌。

笔记区

任务考核

班级		姓名		学号	
小组分工				日期	

任务描述	1. 掌握城市轨道交通服务中的仪态礼仪知识与技能，深刻理解仪态美在客运服务中的重要意义。 2. 了解在实际工作场景中站姿、坐姿、行姿、蹲姿、手势以及微笑、眼神、表情等均属于礼仪。 3. 小组同学互相交流，展示自己认为的标准规范的仪态礼仪。
任务准备	一、选择题 1. 以下关于仪态美的说法，正确的是（　　）。 　A. 仪态美只包括人的容貌和姿态 　B. 仪态美是内在要素与外在要素在不同环境下综合体现出的美的姿态、优雅的气质和风度 　C. 心灵美与仪态美没有关系 　D. 仪态美不需要建立在内在美的基础上 2. 梅拉比安的公式强调了（　　）在人际交往中的重要性。 　A. 语言　　　B. 声音　　　C. 体态语　　D. 三者同样重要 3. 在城市轨道交通服务中，下列不属于主要仪态礼仪的是（　　）。 　A. 标准的站姿礼仪 　B. 说话的音量大小 　C. 标准的手势礼仪 　D. 微笑、眼神、表情等礼仪 二、填空题 1. "仪"指人的_____，"态"指人的_____。 2. 我国古代诗人_____在《同声歌》中用"素女为我师，仪态盈万方"赞美女子。 3. 美国心理学家梅拉比安提出的公式：人类全部的信息表达 = 7%语言 + 38%声音 + _____体态语。 4. 仪态礼仪是客运服务人员在服务过程中行为举止所应遵循的_____与_____。

笔记区

续上表

任务实施	每位同学分别模拟城市轨道交通服务人员在服务过程中的站姿、坐姿、行姿、蹲姿、手势以及微笑、眼神、表情等仪态礼仪。 小组内互评，小组长打分，并交流经验。
任务评价	城市轨道交通标准服务仪态评价表 （见下表）

城市轨道交通标准服务仪态评价表

评价项目	评价标准	分值（分）	得分（分）
站姿礼仪	标准规范，展现精气神	10	
坐姿礼仪	姿势优雅、符合要求	10	
行姿礼仪	步伐平稳、协调大方	10	
蹲姿礼仪	动作自然、得体	10	
手势礼仪	手势准确、清晰、自然	10	
微笑、眼神、表情礼仪	微笑真诚、眼神交流到位、表情契合服务场景	10	
尊重与理解乘客表现	服务过程中始终尊重、理解乘客，言谈举止诚恳、谦和，待人接物得体	20	
整体职业形象塑造	从整体仪态礼仪表现能塑造出良好职业形象	20	
合计		100	

笔记区

任务二
掌握站姿要领

知识准备

城市轨道交通岗位站姿标准是：站立端正，挺胸收腹，头正目平，肩平躯挺，面带微笑。

一、站姿基本规范

站立时，竖看要有直立感，即以鼻子为中线，整个身体大体呈直线；横看要有开阔感，即肢体及身段给人以舒展的感觉；侧看要有垂直感，即从耳与颈相接处至脚的踝骨前侧应大体呈直线，给人以一种挺、直、高的美感。

在站立时间较长的情况下，为缓解疲劳可以适当变化站姿，身体重心向左腿或右腿转移，但在变化中应保持姿态优雅。有乘客接近时，应立即恢复标准站姿。不可叉腿、弯腰驼背、身体歪斜、倚靠栏杆或墙壁。

二、女士站姿

女士应显得庄重大方，亲切有礼，秀雅优美，亭亭玉立。女士站立时身体重心在两足中间脚弓前端位置；手自然下垂或腹前交叉。

具体要求：头部抬起朝正前方，双眼平视，下颌内收，颈部挺直；双肩自然放松端平且收腹挺胸；双臂自然下垂，处于身体两侧；或将双手叠放于小腹前，右手叠加在左手上；双腿紧绷，两脚呈"丁"字形或脚呈"V"字形分开，或平行站立。

1. 站姿手位

（1）标准式。两臂自然下垂，五指合拢，中指对准裤缝。

（2）前腹式。五指合拢，双手交叠握于小腹前，虎口相扣。

2. 站姿脚位

（1）双腿并拢，双脚脚跟靠紧，双脚脚尖呈"V"字形，脚尖展开45°左右。

（2）双脚"丁"字形站，分左、右丁字步。

（3）平行步。

女士站姿示范如图 3-1 所示。

图 3-1 女士站姿示范

三、男士站姿

男士应挺拔向上，舒展俊美，精力充沛，男士站立时身体重心放在两脚中间，不要偏左或偏右；双脚与肩同宽；手可自然下垂，在体前或体后交叉。

具体要求：双目平视，下颌内收，颈部挺直；双肩自然放松端平、收腹挺胸；双臂自然下垂，处于身体两侧；或左手轻握右手腕部，右手握拳放在小腹前或身后；脚跟并拢，脚呈"V"字形分开，脚尖间距约一拳；或双脚平行与肩同宽。

1. 站姿手位

（1）标准式。两臂自然下垂，五指合拢，中指对准裤缝。

（2）前腹式。五指合拢，左手半握拳，右手握左手手腕处并放在小腹前。

（3）背手式。将前腹式手势叠放于体后。

（4）背垂手。一手放于体侧，一手背于体后。可握空心拳背手。

2. 站姿脚位

男士站立时，双脚可并拢，也可分开。分开时，双脚与肩同宽或比肩略窄。

男士站姿示范如图 3-2 所示。

图 3-2　男士站姿示范

安全守望

某换乘站安检员王芳，因常年保持标准站姿被乘客称为"标杆安检员"。新员工小林发现，王芳在早晚高峰持续站立 4 个小时的情况下，始终维持"三点一线"站姿（后脑、肩胛骨、脚跟成直线），双手交叠于腹前，目光专注扫描安检屏幕。小林疑惑："人流量这么大，稍微放松点也没人注意吧？"

将"三点一线"站姿从形体规范要求，升华为"安全视域守护线"，体现了"隐患止于标准"的岗位信念，诠释了"执着专注，精益求精"的新时代工匠精神。

任务考核

班级		姓名		学号	
小组分工				日期	

任务描述	城市轨道交通仪态礼仪中的站姿规范是客运服务人员应该掌握的重要作业内容。 任务要求： 每位同学按照标准站姿礼仪规范进行训练并完成考核。

任务准备	一、选择题
	1. 下列不符合城市轨道交通岗位站姿基本规范的是（ ）。
	    A. 竖看身体呈直线 B. 横看肢体给人以局促感
	    C. 侧看大体呈直线 D. 给人挺、直、高的美感
	2. 女士站立时双手的正确放置方式不包括（ ）。
	    A. 双手虎口相对，右手轻握左手自然放置在腹前
	    B. 双手自然下垂
	    C. 双手叉腰
	    D. 双手叠放于小腹前，右手叠加在左手上
	3. 男士站立时脚位的正确做法是（ ）。
	    A. 双脚随意叉开
	    B. 双脚并拢，脚尖呈"V"字形分开，间距约一拳
	    C. 双脚分开远超肩宽
	    D. 一只脚站立，另一只脚随意放置
	4. 当站立时间较长需缓解疲劳时，下列做法正确的是（ ）。
	    A. 立刻弯腰驼背
	    B. 叉腿站立
	    C. 身体重心向左腿或右腿转移，姿态优雅
	    D. 倚靠栏杆或墙壁
	二、填空题
	1. 城市轨道交通岗位站姿标准要求站立端正，_____，头正目平，肩平躯挺，面带微笑。
	2. 站立时竖看要有_____感，即以鼻子为中线，整个身体大体呈直线。

笔记区

续上表

任务准备	3. 女士站立时双腿并拢，双脚脚跟靠紧，脚掌呈"_____"字形，脚尖展开 45°左右。 4. 男士站立时两脚分开与_____同宽或比肩略窄。 5. 女士站立时身体重心在两足中间_____前端位置。 6. 男士站立时可将右手轻握左手腕部，左手握拳放在_____前或身后。
任务实施	每位同学分别按照标准的站姿规范进行站姿礼仪的展示。 小组内轮流展示正确的站姿礼仪，规范者为优秀，小失误为合格，其余为不合格。

笔记区

任务评价

城市轨道交通仪态礼仪——标准站姿评价表

评价项目	子项目	评价标准	分值（分）	得分（分）
站姿训练	迎候站姿	头正、脖颈挺直、下颌微收	10	
		双目平视前方	10	
		肩平	5	
		脊柱、后背、腰部挺直	10	
		腹肌、臀大肌微收缩并上提	10	
		前搭手位：右手握左手手指（女），右手握左手手掌（男），置于肚脐上下位置	10	
		脚位：丁字脚位（女）；平行脚位（男）	10	
	垂直站姿	头正、肩平、上身挺直	10	
		手位：双手自然垂放贴于裤缝	10	
		膝盖并拢	5	
		脚位：脚跟并拢，男士脚尖分开 45°~60°，女士分开 30°~45°	10	
合计			100	

任务三
练习坐姿规范

知识准备

城市轨道交通客运服务人员的坐姿，强调大方、端庄。坐姿礼仪讲究根据不同场合采用适宜坐姿，做到从容且能够营造优雅、融洽的气氛，使乘客感受到被尊重。在票务服务窗口，采用"直角坐姿"，双手平放于工作台，展现高效精准的服务能力；在乘客咨询台，采用"微倾坐姿"，配合开放式手势，传递主动倾听的服务态度；在临时休整时段，保持"待机坐姿"，双脚前后错位，确保随时起身响应突发需求。

一、标准坐姿规范

1. 入座基本礼仪

就座时，在他人之后入座；从座位左侧入座；向周围的人致意；右脚后撤半步，感知椅子的位置；以背部靠近座椅，缓慢、文雅、轻松而自然地入座。

坐姿基本要求
及禁忌

2. 离座的基本礼仪

离座时，应先以语言或动作向周围的人示意，收腹提气，靠腿部支撑站起，待全身站稳后再迈步。

笔记区

3. 正确的坐姿

上身自然挺直，头正，即所谓的"坐如钟"；表情自然亲切，目光柔和平视，嘴微闭，两肩平整放松，两臂屈曲放在双膝上，或两手半握放在膝上，手心都要向下，两腿自然弯曲，两脚平落地面，起立时右脚先向后收半步然后站起。

正确的坐姿可以给人端庄、稳重的印象，使人产生信任感。男士应稳若泰山，女士则应优雅大方。

4. 男女坐姿之别

一般来说，在正式社交场合，要求男性双腿之间可有一拳的距离，女性两腿并拢无空隙。两腿平落地面且不宜前伸。在社交场合中，男性可以适度跷腿，但腿脚不宜抬得过高，避免腿部频繁抖动，显得随意或不专注；女性大腿并拢，小腿紧靠或交叉，不宜向前伸，小腿相靠更显美观。

5. 正确的坐姿语言

（1）就座时，动作要轻盈和缓，自然从容。落座要轻，不能猛地坐下，发出响声，起座要端庄稳重，注意不要带翻桌上茶具等物品，以免造成尴尬局面。

（2）坐姿作为一种交谈手段，应注意：如果是对方请你坐下，就座前应说声"谢谢"；为了促进交谈，特别是与领导、长辈或客人交谈时，可稍往前坐一点，身体稍稍前倾，背部勿靠在椅背上。采取这样的坐姿，首先表示对对方的尊重，同时便于将身体前后摇动，以对对方的谈话内容表示肯定，同时可以促使对方做出决定。如果背部靠在沙发或椅子上，则会给人以傲慢的印象。

（3）任何座位都不能坐得太深或太浅。坐得太深时，由于臀部及上身的重量与小腿的支撑点离得太远，坐下去时会引起小腿肌肉紧张，时间长了会很累，不过这种姿势可以体现你的沉稳大方。坐得太浅的话，又会使大腿的大部分露在椅面之外，使腿显得又短又粗。另外，千万不要只坐椅子的1/3处，这种坐姿会让人觉得你心情紧张，胆小怯懦。坐在椅子上，应至少坐满椅子的1/2。但是值得注意的是，适当浅坐能体现对他人的敬意。

图3-3　女士标准式坐姿

二、女士坐姿

（1）标准式坐姿。标准式坐姿要求上身挺直，两脚两膝并拢，双手自然叠放在双腿上，放在大腿1/2之处，上身和大腿、大腿和小腿都应该成直角，小腿垂直于地面，如图3-3所示。

坐下后，上体挺直，两肩平正，两臂自然弯曲，两手交叉叠放在两腿中部，压住裙口靠近小腹。两膝并拢，小腿垂直于地面，两脚并拢。

（2）后点式坐姿。在标准式坐姿的基础上，双脚后挪，前脚掌或者脚尖点地，双膝双脚包括两脚的脚跟都要完全并拢，如图3-4所示。

（3）交叉式坐姿。女士双脚脚踝部位交叉，双膝并拢，我们可以调整双脚的位置，形成前交叉、后交叉及侧交叉式坐姿，无论双脚位置在哪儿，脚尖都不能翘起，需要前脚掌或脚尖点地，如图3-5所示。

图3-4　女士后点式坐姿

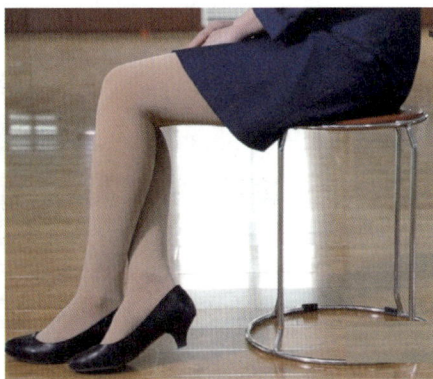

图3-5　女士交叉式坐姿

（4）屈直式坐姿。屈直式坐姿也叫作前屈后伸式坐姿，要求上身挺直，大腿靠紧后，一脚在前一脚在后，前脚前脚掌着地，后脚前脚掌或脚尖点地，双脚前后要保持在一条直线上，如图3-6所示。

（5）重叠式坐姿。重叠式坐姿要求先将双腿一上一下交叠在一起，交叠后双腿之间不能留有缝隙，小腿贴紧，叠放在上方的脚尖应垂直指向地面，犹如一条直线，如图3-7所示。

图3-6　女士屈直式坐姿

图3-7　女士重叠式坐姿

（6）侧点式坐姿。侧点式坐姿要求双膝并拢，双脚向左或向右斜放；内侧的脚稍稍内收，斜放后的腿部与地面呈45°，如图3-8所示。这种坐姿适用于穿短裙的女士在较低处就座。

图 3-8　女士侧点式坐姿

（7）侧挂式坐姿。在侧点式坐姿的基础上，将内侧的腿叠放于外侧的腿上，交叠后双腿之间不能留有缝隙，小腿贴紧，叠放在上方的脚应与小腿呈一条直线，脚尖指向斜下方，如图3-9所示。这种坐姿适用于穿短裙的女士，优美大方。

图 3-9　女士侧挂式坐姿

三、男士坐姿

（1）标准式坐姿。标准式坐姿要求上身挺直，双肩正平，小腿垂直于地面，两脚和两膝自然分开，与肩同宽，大腿和小腿成90°，双手以自然手型分放在两膝后侧，如图 3-10 所示。

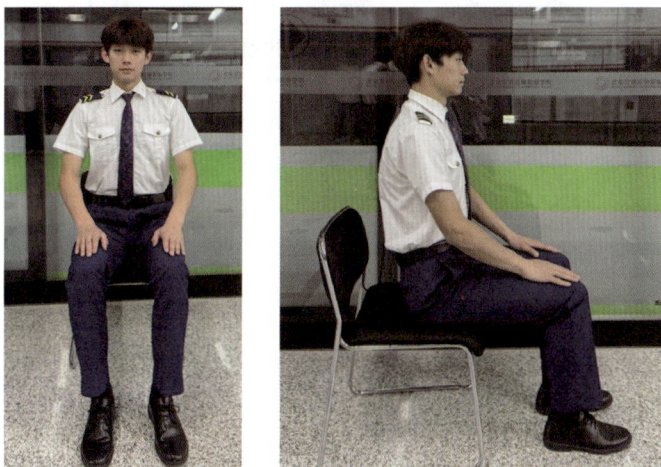

图 3-10　男士标准式坐姿

（2）前伸式坐姿。在标准式坐姿的基础上，双脚前伸一脚掌的距离，全脚掌着地，脚尖不能翘起，如图 3-11 所示。

图 3-11　男士前伸式坐姿

（3）交叉式坐姿。男士双脚脚踝部位交叉，双膝自然分开一拳左右的距离，我们可以调整双脚的位置，形成前交叉、后交叉，无论双脚位置在哪儿，脚尖都不能翘起，需要前脚掌或全脚着地，如图 3-12 所示。

图 3-12　男士交叉式坐姿

（4）屈直式坐姿。屈直式坐姿也叫作前屈后伸式坐姿，要求左脚前伸一脚掌距离，全脚掌着地，小腿屈回，前脚掌或全脚着地，两脚一前一后自然分开，双手分放于大腿中部，如图 3-13 所示。

图 3-13　男士屈直式坐姿

（5）重叠式坐姿。重叠式坐姿要求一条腿垂直于地面，另一条腿在上重叠，小腿向内收，脚尖向下，双手自然放在架起的腿上，双腿尽量重叠，不要留过大缝隙，如图 3-14 所示。

图 3-14 男士重叠式坐姿

📖 安全护航

　　某地铁调度中心值班员李师傅，连续十年保持"零操作失误"纪录。新入职员工小张观察到，李师傅即使深夜独自值班，仍始终维持标准坐姿：后背挺直，双腿并拢，双手平放于操作台，目光紧盯监控屏幕。小张不解："无人监督时，为何还要如此严格保持坐姿？"

　　李师傅将标准坐姿从"形象要求"升华为"安全责任"，体现了"慎独"精神。（《礼记·中庸》："莫见乎隐，莫显乎微，故君子慎其独也。"）

笔记区

任务考核

班级		姓名		学号	
小组分工				日期	
任务描述	城市轨道交通仪态礼仪中的坐姿规范是客运服务人员应该掌握的重要作业内容。 任务要求： 每位同学按照标准坐姿礼仪规范进行训练并完成考核。				

笔记区

任务准备	一、选择题
	
	1. 下列关于离座基本礼仪的说法，错误的是（　　）。
	   A. 离座时无须向周围人示意
	   B. 收腹提气，靠腿部支撑站起
	   C. 全身站稳后再迈步
	   D. 应先以语言或动作向周围的人示意
	
	2. 在与领导、长辈或客人交谈时，合适的坐姿是（　　）。
	   A. 背部靠在椅背上
	   B. 坐椅子可稍往前坐一点，身体稍稍前倾
	   C. 坐得太深
	   D. 只坐椅子的 1/3 处
	
	3. 女士侧点式坐姿中，斜放后的腿部与地面呈（　　）。
	   A. 30° B. 45° C. 60° D. 90°
	
	4. 男士交叉式坐姿中，双膝自然分开距离约为（　　）。
	   A. 半拳 B. 一拳 C. 两拳 D. 随意分开
	
	5. 以下坐姿中，不适用于穿短裙的女士的是（　　）。
	   A. 侧点式坐姿 B. 侧挂式坐姿
	   C. 重叠式坐姿 D. 后点式坐姿
	
	二、填空题
	
	1. 在票务服务窗口，城市轨道交通客运服务人员应采用"_____"坐姿，双手平放工作台。
	
	2. 入座时应在别人之后入座，从座位_____侧入座，并向周围的人致意。

续上表

任务准备	3. 正确的坐姿要求上身自然挺直，头正，表情自然亲切，目光_____，嘴微闭，两肩平整放松。 4. 在正式社交场合，男性双腿之间可有_____的距离，女性两腿并拢无空隙。 5. 女士标准式坐姿要求上身和大腿、大腿和小腿都应成_____，小腿垂直于地面。 6. 男士标准式坐姿中，双脚和两膝自然分开，与_____同宽，大腿和小腿成 90°。
任务实施	每位同学分别按照标准的坐姿规范进行坐姿礼仪的展示。 小组内轮流展示正确的坐姿礼仪，规范者为优秀，小失误为合格，其余为不合格。

笔记区 ✏️

| 任务评价 | 城市轨道交通仪态礼仪——标准坐姿评价表 |

评价项目	子项目	评价标准	分值（分）	得分（分）
坐姿训练	入座	从椅子的左侧入座	10	
		入座动作（标准 8 步）	10	
		椅子不发出响声	10	
		坐椅子的 1/2~2/3 处	10	
	标准坐姿： 女生展示 7 种； 男生展示 5 种	头正、双目平视前方	10	
		双肩放松、平正	10	
		立腰挺胸、上身挺直、与大腿呈 90°	15	
		大腿与小腿呈 90°，膝盖并拢（女），膝盖分开与肩同宽（男）	15	
		手自然放于双腿上（男），前搭手位（女）	10	
合计			100	

任务四
强化行姿训练

📖 知识准备

行姿，即走姿，往往可以反映出城市轨道交通服务人员的身体状况、精神风貌和性格特点。

行姿基本要求及禁忌

一、行姿规范

1. 基本行姿要求

昂首挺胸，双目平视前方，双肩保持水平，两臂自然摆动，步幅适中，步频稳定。

列队上岗时步调一致，整齐有序；到达接班岗位时，自行退出队列，规范交接；两人成行，三人成列。

走向乘客时，应目视乘客，面带微笑，步幅稳健。站稳后再与乘客对话。

为乘客引路时，应位于乘客左前方约1m处，行走速度与乘客步速相协调。

不可边走边大声喧哗或在站内奔跑追逐。

在行进过程中应主动避让乘客，不与乘客抢道、并行。

携带工具、器械等行走时，不得在地面拖拉。

2. 特殊场景规范

（1）进出电梯：遵循"先出后进"原则，侧身站立于电梯按键旁，主动为乘客按楼层。

（2）上下楼梯：靠右行走，身体略前倾，避免扶梯口停留；上行时重心在前脚掌，下行时重心在脚跟。

（3）站台行走：沿黄色安全线内侧行进，与轨道保持安全距离；遇乘客靠近边缘时，及时提醒并手势引导。

3. 注意事项

（1）禁止双手插兜、叉腰或背手行走。

（2）禁止边走边低头看手机、整理衣物或饮食。

（3）避免鞋跟拖地、跺脚等噪声干扰。

二、女士行姿

（1）行走时，目光平视，头正颈直，挺胸收腹，两臂自然下垂前后摆动（30°～40°），手自然弯曲。行走时身体重心略向前倾，重心落在行进于前边的脚掌；走直线、眼先着地；步幅适度，女士一般在30cm左右。

（2）女士在站厅站台行走时，要格外注重展现优雅大方的气质。上身挺直，收腹提臀，让身体线条更加优美。头部保持端正，颈部微微向上伸展，仿佛头顶有一根无形的线在轻轻提拉，使整个人显得更加高挑、精神。

（3）女士的步幅相对较小，步伐轻盈且富有节奏感。双脚行走时应尽量踩在一条直线上，即所谓的"一字步"，这样行走不仅姿态优美，还能展现出女性的温柔与优雅。但在实际工作场景中，考虑到行走效率和舒适度，也不必过于苛求绝对的"一字步"，只要保持双脚轨迹大致在一条直线附近即可。行走过程中，膝盖要保持伸直，避免弯曲或晃动，小腿自然摆动，步伐平稳且流畅。

（4）双臂自然摆动，摆动幅度适中，与步伐协调一致。手臂摆动时，肘部微微弯曲，不要过于僵硬，手指自然并拢，随着身体的移动轻盈摆动。摆动的节奏要与步伐相匹配，当迈出左脚时，右臂向前摆动；迈出右脚时，左臂向前摆动，形成自然、和谐的律动。

女士行姿规范如图 3-15 所示。

三、男士行姿

（1）行走时，目光平视，头正颈直，挺胸收腹，两臂自然下垂前后摆动，手自然弯曲。行走时身体重心略向前倾，重心落在行进于前边的脚掌；走直线、眼先着地，步幅适度，男士在 40cm 左右；步速平稳，勿忽快忽慢。

图 3-15　女士行姿规范

（2）男士行姿应体现出稳健、自信的特质。上身保持挺拔，双肩宽阔且自然下沉，展现出男性的阳刚之气。头部端正，目光坚定平视前方，表情严肃而专注，给人以可靠、专业的印象。

（3）遇到紧急情况需要快速行动时，男士应在保持行姿基本规范的前提下，加快步伐速度，但要注意避免因速度过快而失去平衡或撞到他人。在引导乘客疏散等场景中，要发挥男性的力量优势，快速而有序地组织乘客撤离，同时通过清晰的语言和规范的手势引导乘客，确保疏散工作安全、高效地进行。在与女士同行时，要注意调整自己的步伐速度和步幅大小，保持与女士的行走节奏相匹配，展现出绅士风度。

男士行姿规范如图 3-16 所示。

图 3-16　男士行姿规范

📖 步履文明

在地铁站台，新入职的站务员小张正在进行行姿训练。他总是低头含胸，步伐拖沓，与站台的繁忙秩序显得格格不入。老员工李姐看在眼里，便主动上前指导："小张，站台是城市文明的窗口，我们的行姿代表着地铁的形象。"她示范着标准的行走姿势，抬头挺胸、步伐稳健，并娓娓道来自己从刚入职时的青涩到如今的成长蜕变。

小张深受触动，开始认真练习。几天后，他不仅行姿规范，还主动帮助乘客，引导秩序。一位乘客看到后，竖起大拇指："你们的举止真棒，让人感觉很安心。"小张由此意识到，规范的行姿不仅是职业要求，更是对乘客负责、对城市形象负责的体现。

笔记区

任务考核

班级		姓名		学号	
小组分工				日期	

任务描述	城市轨道交通仪态礼仪中的行姿规范是客运服务人员应该掌握的重要作业内容。 任务要求： 每位同学按照标准行姿礼仪规范进行训练并完成考核。
任务准备	一、选择题 1. 以下行为中，符合站台行姿规范的是（　　）。 　A. 边走边大声喧哗　　　　　B. 与乘客抢道并行 　C. 携带工具在地面拖拉　　　D. 主动避让乘客 2. 上下楼梯时，正确的做法是（　　）。 　A. 靠左行走　　　　　　　　B. 在扶梯口停留 　C. 下行时重心在脚跟　　　　D. 上行时重心在脚跟 3. 女士行走时，双脚应尽量（　　）。 　A. 随意行走　　　　　　　　B. 踩在一条直线上 　C. 大步分开行走　　　　　　D. 外八字行走 4. 男士行姿应体现出（　　）。 　A. 柔弱　　　B. 稳健自信　　　C. 散漫　　　D. 随意 5. 遇到紧急情况，男士在引导乘客疏散时，做法错误的是（　　）。 　A. 保持行姿基本规范　　　　B. 快速奔跑，不考虑乘客 　C. 通过清晰语言引导　　　　D. 用规范手势引导 二、填空题 1. 女士标准步幅为_____ cm，男士标准步幅为_____ cm。 2. 引导乘客时，应位于乘客左前方约_____ m处，行走速度需与乘客_____相协调。 3. 上下楼梯时，上行重心应落在_____，下行重心应落在_____。 4. 男士行姿需体现_____与_____的特质，紧急情况中应保持_____的前提下加快步伐。

笔记区

续上表

任务准备	5. 女士行走时双脚轨迹应尽量贴近 _____，双臂摆动幅度为 _____。
任务实施	每位同学分别按照标准的行姿规范进行行姿礼仪的展示。 小组内轮流展示正确的行姿礼仪，规范者为优秀，小失误为合格，其余为不合格。

任务评价

城市轨道交通仪态礼仪——标准行姿评价表

评价项目	子项目	评价标准	分值（分）	得分（分）
行姿训练	行姿规范	抬头挺胸、步履稳健、双目平视前方	10	
		头正、肩平	10	
		不扭腰、不扭臀	10	
		上身无明显晃动，不甩肩	10	
		双脚平行前进，无明显外八和内八现象	10	
	手臂摆动	双臂自然摆动，幅度适中（前摆约30°，后摆约15°）	10	
		手臂摆动时，肘部微屈，手掌自然放松	10	
	整体协调性	行姿整体协调，无明显僵硬或不自然	15	
		行走时身体重心平稳，无明显上下起伏	15	
合计			100	

笔记区

任务五
优化蹲姿应用

📖 **知识准备**

在城市轨道交通服务工作中，常常会用到蹲姿，对于掉在地上的东西，人们一般是习惯弯腰或者蹲下将其捡起，而身为地铁服务者，若也像平时一样随意弯腰捡拾物品显然是不合适的，标准蹲姿的原则是迅速、美观、大方。

一、蹲姿规范

1. 蹲姿的基本要求与形式

蹲姿的基本要求：蹲姿是由站姿转换为两腿弯曲，身体高度降低的姿势，常用于工作人员捡拾物品。蹲姿的基本要求是站在所取物品的旁边，一脚前、一脚后，弯曲双膝，不要低头，以双脚支撑身体。蹲下时要保持上身挺拔，体态自然。

蹲姿的不同形式如下。

（1）高低式蹲姿。特征是两膝一高一低。女士两腿膝盖相互贴靠，男士膝盖朝向前方。

（2）交叉式蹲姿。仅限于女士。蹲下时双膝交叉在一起，两腿交叉重叠，后腿脚跟抬起，脚掌着地，上身略向前倾。

2. 蹲姿应注意的礼仪

（1）不要突然蹲下。

（2）不要离人太近。

（3）不要方位失当。

（4）不要毫无遮掩。

（5）不要蹲在椅子上。

蹲姿基本要求
及禁忌

笔记区

二、女士蹲姿

常见的女士标准蹲姿大致分为以下四种。

（1）高低式蹲姿。高低式蹲姿的特征是下蹲时左脚在前，右脚后撤半步，双手手背从腰间由上向下抚顺裙摆后，自然叠放在左膝上，左脚全脚着地，小腿基本上垂直于地面，右脚前脚掌着地，脚跟提起，右膝内侧靠于左小腿内侧，形成左膝高、右膝低的姿态，如图 3-17 所示。

图 3-17 女士高低式蹲姿

（2）交叉式蹲姿。交叉式蹲姿的要求是下蹲时左脚在前，右脚后撤至左脚的左后方，下蹲后两腿交叉重叠，左小腿垂直于地面，全脚着地，右脚脚跟抬起，前脚掌着地，两脚前后靠近，合力支撑身体，如图 3-18 所示。

图 3-18 女士交叉式蹲姿

（3）半跪式蹲姿，又叫作单跪式蹲姿，它是一种非正式蹲姿，用在下蹲时间较长，或为了更为方便时使用，双腿一蹲一跪，臀部坐于脚跟上，小腿垂直地面，双腿应尽力贴紧靠拢，如图 3-19 所示。

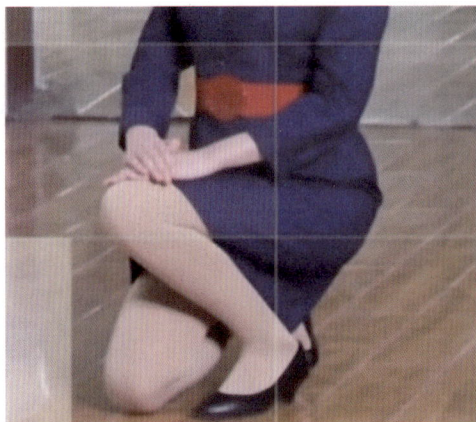

（4）半蹲式蹲姿。基本特征是身体半立半蹲，主要要求在下蹲时，上身稍许弯下，但不要与下肢构成直角或锐角，臀部务必向下，不能撅起，双膝略微弯曲，角度一般为钝角，身体的重心应放在一条腿上，两腿之间尽量贴近，不要分开过大，如图 3-20 所示。

笔记区

图 3-19　女士半跪式蹲姿　　　　图 3-20　女士半蹲式蹲姿

不论选择哪种蹲姿，都要求我们动作美观大方，自然得体，把握这几个要点，蹲姿才有美感。养成正确的下蹲习惯，在城市轨道交通服务过程中，会给乘客留下良好的印象，提升城市轨道交通企业形象。

三、男士蹲姿

常见的男士标准蹲姿大致分为以下三种。

（1）半蹲式蹲姿。半蹲式蹲姿一般是在行走时临时采用，基本特征是身体半立半蹲，主要要求在下蹲时，上身稍许弯下，但不要与下肢构成直角或锐角，臀部务必向下，不能撅起，双膝略微弯曲，角度一般为钝角，身体的重心应放在一条腿上，两腿之间不要分开过大，如图 3-21 所示。

图 3-21　男士半蹲式蹲姿

（2）高低式蹲姿。高低式蹲姿要求下蹲时左脚在前，全脚着地，小腿基本垂直于地面，右脚后撤半步，脚跟提起，前脚掌着地，形成左膝高、右膝低的姿态，两腿分开与肩同宽的距离，臀部向下，基本上以右腿支撑身体，如图3-22所示。

（3）半跪式蹲姿。两腿一蹲一跪，其要求是下蹲后改为一腿单膝着地，臀部坐在脚跟上，而以其脚尖着地，另一条腿应当全脚着地，小腿基本垂直于地面，双腿与肩同宽，上身挺直，如图3-23所示。

图3-22　男士高低式蹲姿

图3-23　男士半跪式蹲姿

躬身为礼

在某市地铁换乘站内，站务员小张发现一位携带大件行李的孕妇在闸机旁反复尝试刷卡却始终失败，面露疲惫。小张迅速以规范走姿靠近，在距离乘客1m处停下，右腿后撤半步，左膝自然弯曲成单膝蹲姿，与乘客保持平视，左手扶住行李底部防止倾倒，右手同步示范刷卡动作。过程中，小张始终挺直腰背、双膝并拢，用清晰的手势向乘客指引闸机使用要点，并轻声提醒："请您注意脚下台阶，我帮您把行李搬到站台。"

蹲姿过程中对肢体控制的精准度折射出轨道交通行业"毫米级精度"的职业追求，将"大国工匠精神"融入了日常服务细节之中。

任务考核

班级		姓名		学号	
小组分工				日期	
任务描述	城市轨道交通仪态礼仪中的蹲姿规范是客运服务人员应该掌握的重要作业内容。 任务要求： 每位同学按照标准蹲姿礼仪规范进行训练并完成考核。				
任务准备	每位同学分别按照标准的蹲姿规范进行蹲姿礼仪的展示。 小组内轮流展示正确的蹲姿礼仪，规范者为优秀，小失误为合格，其余为不合格。				
任务实施	一、选择题 1. 仅限于女士的蹲姿是（　　）。 　A. 高低式蹲姿　　　　　　　B. 交叉式蹲姿 　C. 半跪式蹲姿　　　　　　　D. 半蹲式蹲姿 2. 蹲姿应注意的礼仪中不包括（　　）。 　A. 不要突然蹲下　　　　　　B. 不要离人太近 　C. 可以蹲在椅子上　　　　　D. 不要方位失当 3. 男士半跪式蹲姿下蹲后，双腿应（　　）。 　A. 分开与肩同宽　　　　　　B. 尽量贴紧靠拢 　C. 随意放置　　　　　　　　D. 呈 90° 4. 女士高低式蹲姿下蹲时，双手手背从腰间由上向下抚顺裙摆后，自然叠放在（　　）。 　A. 右膝上　　　B. 左膝上　　　C. 双腿之间　　　D. 身体两侧 5. 在设备运用场景下，工作人员采用蹲姿时，最重要的原则是（　　）。 　A. 迅速、美观、大方　　　　　B. 随意、便捷 　C. 快速完成动作　　　　　　　D. 不考虑姿势是否规范 二、填空题 1. 蹲姿的基本要求是迅速、美观、大方，下蹲时应保持上身_____，避免突然蹲下。				

笔记区

任务实施	2. 女士交叉式蹲姿的特征是两腿_____重叠，后退脚跟抬起，_____着地。 3. 男士半跪式蹲姿要求单膝着地，臀部坐在_____，另一腿小腿_____地面。 4. 蹲姿礼仪中"五不要"包括：不要方位失当、不要_____、不要蹲在椅子上、不要离人太近、不要毫无遮掩。 5. 半蹲式蹲姿的重心应放在_____腿上，双膝弯曲角度一般为_____。

任务评价

城市轨道交通仪态礼仪——标准蹲姿评价表

评价项目	子项目	评价标准	分值（分）	得分（分）
蹲姿训练	下蹲动作	走到物品旁，自然下蹲、不遮遮掩掩、不弯腰、不撅臀	15	
		不露出内衣裤	15	
	高低式蹲姿	不驼背、塌腰	15	
		右脚全脚着地，小腿基本垂直于地面，左脚脚跟提起，前脚掌着地	20	
		女士左膝内侧靠于右小腿内侧，男士两膝盖分开不超过肩宽	20	
		手位：一只手捡拾物品，另一只手自然放于大腿上	15	
合计			100	

任务六
提升手势运用

知识准备

服务手势是城市轨道交通客运服务人员在服务过程中，通过规范的手部动作来传递信息、表达情感、引导乘客的重要方式。恰当的手势礼仪不仅能够提升服务质量，还能增强乘客的信任感和满意度，甚至能传达出语言无法表达的思想内涵。

笔记区

一、手势礼仪规范

1. 手势礼仪动作原则

（1）手势应简洁、明确、大方，体现专业性与亲和力。

（2）保持手臂自然舒展，掌心向上或侧向，避免掌心向下或单指指向他人。

（3）动作幅度适中，不宜过高（不超过肩部）或过低（不低于腰部）。

2. 手势禁忌

（1）禁止用单指（尤其食指）指向乘客或物品。

（2）避免手势过快、过猛或随意晃动。

（3）不得双手叉腰、抱胸或插入口袋。

3. 基本原则

（1）自然得体：手势应自然流畅，避免僵硬或夸张。

（2）适度规范：手势的幅度和力度应适中，符合职业规范。

（3）明确清晰：手势应准确传达信息，避免模糊或误导。

（4）尊重文化：手势应符合当地文化习惯，避免使用可能引起误解的手势。

4. 递接物品规范

双手为宜；递于手中；主动上前；方便接拿；尖、刃向内。

二、手势礼仪动作

（1）横摆式（请进）。侧身 45°，右脚后撤半步，右手五指并拢，掌心向上，小臂平行地面，以肘为轴向右横摆至肩宽，目光随手势方向，微笑示意："您好，请进。"如图 3-24 所示。

图 3-24　横摆式手势

（2）直摆式（请往前走）。正对目标方向，左臂前伸，五指并拢，掌心斜向上 45°，手臂与身体呈 30°，右臂自然下垂，目视乘客清晰指引："请直行，注意脚下安全。"如图 3-25 所示。

图 3-25　直摆式手势

（3）曲臂式（里面请）。右手曲肘抬至胸前，掌心向内，四指微屈指向身体，同步侧身引导，语言提示："请往内侧通行。"左手可轻贴腰部维持平衡，如图 3-26 所示。

图 3-26　曲臂式手势

（4）斜臂式（请坐）。身体微侧，右臂斜向下 45° 伸展，掌心向上指向座位，左臂自然下垂，目光温和注视乘客："请您在此就座。"如图 3-27 所示。

图 3-27　斜臂式手势

（5）双臂式（大家请）。双手向两侧展开，掌心向上，双臂张开 120°，身体略前倾，环视人群高声引导："各位乘客请有序通行，谢谢配合！"

手势礼仪是城市轨道交通客运服务人员的重要技能之一。通过规范的手势礼仪，能够提升服务质量，增强乘客的信任感和满意度。服务人员应注重手势礼仪的培训和实践，确保在服务过程中能够以专业、得体的形象

笔记区

为乘客提供优质服务。

📖 手筑文明

　　早高峰时段，某地铁站安检口人流如织。一位携带大件行李的乘客因匆忙未配合安检，与安检员发生争执。值班站长李婷迅速上前，采用标准曲臂式手势（掌心向内，四指微屈指向安检仪），侧身微笑道："先生，为了大家的安全，请您配合检查。"同时以斜臂式手势指向等候区："行李检查后，我帮您搬至候车区。"乘客见状面露歉意，主动配合安检。

　　乘客中的退休教师王先生感慨："一个手势化解冲突，比十句说教更有力量。轨道交通是城市文明的窗口，工作人员'手上有礼'，乘客自然'心中有矩'。"次日，他将此事发至社交平台，配文："0.5s的标准手势，传递的是规则意识与共情能力，这正是'中国式现代化'的文明底色。"

笔记区

任务考核

班级		姓名		学号	
小组分工				日期	
任务描述	城市轨道交通仪态礼仪中的手势规范是客运服务人员应该掌握的重要作业内容。 任务要求： 每位同学按照标准手势礼仪规范进行训练并完成考核。				
任务准备	一、选择题 1. 以下哪种手势是禁止的？（　　） 　　A. 掌心向上引导　　　　　B. 用单指指向乘客 　　C. 手臂自然舒展引导　　　D. 掌心侧向引导 2. 曲臂式手势的核心动作是（　　）。 　　A. 手臂完全伸直　　　　　B. 掌心向外翻转 　　C. 四指微屈指向身体内侧　D. 双脚并拢直立 3. 直摆式手势的手臂与身体夹角应为（　　）。 　　A. 15°　　　B. 30°　　　C. 45°　　　D. 60° 4. 递接物品时，若物品尖锐应（　　）。 　　A. 尖端朝向乘客　　　　　B. 双手随意递送 　　C. 尖端朝向自己　　　　　D. 单手快速传递 二、填空题 1. 手势礼仪的四大基本原则是自然得体、_____、明确清晰、尊重文化。 2. 递接物品时应遵循"尖、刃_____"原则，确保乘客安全。 3. 横摆式手势要求掌心_____，以肘为轴向右横摆至肩宽。 4. 斜臂式手势用于"请坐"时，右臂需斜向下伸展_____。 5. 手势禁忌包括禁止单指指向他人、避免手势_____或随意晃动。				
任务实施	每位同学分别按照标准的手势规范进行手势礼仪的展示。 小组内轮流展示正确的手势规范礼仪，规范者为优秀，小失误为合格，其余为不合格。				

笔记区

续上表

		城市轨道交通仪态礼仪——标准手势规范评价表			
评价项目	子项目	评价标准		分值(分)	得分(分)
任务评价	手势训练	手势规范	手掌方向朝上;四指并拢;手臂弯度适宜;身体配合手势自然;表情配合手势自然;肢体整体和谐	50	
		递物规范	双手递物;物品方向以有利于对方为宜;眼睛看向对方;表情自然	50	
		合计		100	

笔记区

任务七
凝练表情管理

知识准备

城市轨道交通客运服务人员的微笑与眼神是彰显服务温度、体现职业风范的核心要素。发自内心的微笑配合自然适度的目光接触，能让乘客在旅途中感知关怀与信赖，共同构筑文明、温馨的乘车环境，这既是服务品质的无声承诺，亦是连接乘客满意度的情感纽带。

一、微笑礼仪

微笑作为一种无须言语的沟通方式，拥有非凡的感染力。在城市轨道交通客运服务中，服务人员的笑容应当源自内心，展现出自然、真挚且温暖的一面，并贯穿整个服务流程。

微笑服务的要求

1. 微笑的标准

（1）面部表情：嘴角微微上扬，露出上排 8 颗牙齿左右为宜，唇形呈自然的月牙状。同时，眼睛要自然眯起，眼角微微上挑，形成"笑眼"，让笑容从眼睛中散发出来，传递出真诚与热情。这种从面部整体呈现出的微笑，能够让乘客真切感受到服务人员的友好。

（2）肌肉控制：面部的颧大肌、笑肌等肌肉适度收缩，带动嘴角上扬，但要避免肌肉过于僵硬或过度用力，以免笑容显得虚假。整个微笑过程应流畅自然，如同自然而然的情感流露。

2. 微笑的运用场景

（1）乘客进站时：服务人员需即刻以微笑相迎，目光温和对接，并伴随亲切问候"欢迎搭乘地铁"，使乘客自进站伊始便能感受到贴心与友好氛围。

（2）解答乘客咨询时：面对乘客各类疑问，无论难易，服务人员都应

笔记区

保持微笑，专注聆听并细致回应。笑容能有效缓解乘客潜在焦虑，传递重视感。例如指引换乘路线时，配合手势的含笑解说能让乘客更明晰流程，提升服务满意度。

（3）处理突发状况时：即便遭遇列车延误、设备故障等突发情况，服务人员仍需保持微笑。笑容传递的从容与信心能安抚乘客情绪。例如，解释延误原因时，微笑致歉"给您造成不便深表歉意，我们正在全力协调，请您稍作等候"，较之于冷漠告知更易获得乘客谅解。

3. 微笑训练方法

（1）咬筷法：准备一根干净的筷子，轻轻横放在牙齿中间，嘴角上扬，让嘴唇刚好接触到筷子两端，保持这个姿势一段时间，感受微笑时面部肌肉的运动。通过反复练习，逐渐形成肌肉记忆，帮助在实际工作中自然展现标准微笑。

（2）对着镜子练习：站在镜子前，面对自己，尝试不同程度的微笑，观察哪种微笑最自然、最具亲和力。同时，注意面部表情的整体协调性，如眼睛、眉毛与嘴角的配合，不断调整直到找到最完美的微笑状态。并且，可以在镜子上贴上一些积极的提示语，如"微笑，传递温暖"，时刻提醒自己练习微笑。

（3）情绪联想练习：回忆生活中那些让自己感到快乐、幸福的场景，如与家人朋友欢聚、取得成就的时刻等，在脑海中重现这些场景，激发内心的愉悦情绪，从而自然地引发微笑。在工作中，也可以通过联想这些积极情绪，带动自己展现出真诚的微笑。

二、眼神礼仪

眼神交流是人与人沟通中极为关键的一环。城市轨道交通客运服务人员恰当运用眼神，能够更好地与乘客建立联系，增强服务效果。

1. 眼神的注视区域

（1）专业对视区：该区域以双目为底边，眉心为顶点构成三角形。在服务人员进行正式沟通场景，如处理乘客申诉、解答核心问题时，应将视线聚焦于此区域，以此展现专业、严谨、尊重的沟通姿态，使乘客感知到问题处理的专业性与重视度。例如，向乘客解读票务规则时，服务人员保持目光在此区域的稳定接触，通过专注眼神传递服务专业性。

（2）亲切交流区：该区域以双目为顶部边界，下颌为底部顶点形成倒

笔记区

置三角。此区域适用于日常服务互动场景，如乘车指引、礼貌问候等轻松交流时刻。运用此区域的眼神接触，能营造轻松、自然的互动氛围，增进双方的情感联结。例如，在站台引导乘客候车时，服务人员以温暖笑容配合在此区域的目光流转，通过眼神示意提醒乘客注意安全，既保持了服务温度，又提升了沟通的舒适度。

2. 眼神的交流技巧

（1）目光接触时间：与乘客交流时，目光接触时间应保持在整个交流过程的 30% ~ 60%。过少的目光接触会让乘客觉得服务人员心不在焉、缺乏尊重；而长时间的直视，又可能会让乘客感到不适。例如，在与乘客交谈的过程中，每隔一段时间自然地与乘客进行眼神对视，然后适当移开，这样既能表达关注，又不会给乘客造成压迫感。

笔记区

（2）眼神的移动与转换：随着交流内容和场景的变化，眼神要灵活移动和转换。当引导乘客看指示牌或某个方向时，服务人员的眼神应率先看向目标方向，然后引导乘客的目光，通过眼神的指引让乘客更清晰地理解。在与多位乘客交流时，要照顾到每一位乘客，用眼神依次与他们进行短暂的交流，确保每一位乘客都能感受到被关注。

（3）眼神的情感表达：眼神要能够传递出积极的情感，如热情、关心、耐心等。当乘客遇到困难时，服务人员要用关切的眼神看着乘客，表达出愿意提供帮助的意愿；在向乘客提供服务后，用带有鼓励和肯定的眼神回应乘客的感谢，让乘客感受到服务的价值和认可。

3. 眼神禁忌

（1）避免眼神游离：在与乘客交流时，服务人员的目光应始终聚焦在乘客身上，不要左顾右盼、东张西望。眼神游离会让乘客觉得服务人员对自己不重视，没有认真倾听，从而影响服务质量和乘客体验。

（2）不要眼神冷漠：无论工作多么繁忙或疲惫，都不能用冷漠、毫无表情的眼神对待乘客。冷漠的眼神会让乘客感到被忽视、不受欢迎，与城市轨道交通客运服务所追求的温暖、贴心服务背道而驰。

（3）杜绝眼神轻蔑或傲慢：对待每一位乘客都应保持尊重和平等，绝不能出现眼神中带有轻蔑、傲慢的神情。即使面对行为举止不太恰当的乘客，也应保持职业素养，用平和、友善的眼神进行沟通和引导。

微笑和眼神礼仪是城市轨道交通客运服务人员的重要技能之一。通过规范的微笑和眼神礼仪，能够提升服务质量，增强乘客的信任感和满意度。服务人员应注重微笑和眼神礼仪的培训和实践，确保在服务过程中能够以专业、得体的形象为乘客提供优质服务。

笑映初心

在繁忙的都市轨道交通站点，一位外地老人因手机扫码故障焦急徘徊，正在值岗的站务员小李见状，立即调整站姿，面容舒展，眉眼含笑，微微躬身，目光温和地注视着老人："阿姨别急，我帮您操作。"

微笑回应，是职业素养，更是对"人民城市为人民"初心的无声坚守。当我们学会用表情传递善意时，拥挤的车厢也能成为文明共情的课堂。

笔记区

任务考核

班级		姓名		学号	
小组分工				日期	
任务描述	城市轨道交通仪态礼仪中的表情规范是客运服务人员应该掌握的重要作业内容。 任务要求： 每位同学按照标准表情礼仪规范进行训练并完成考核。				

任务准备

一、选择题

1. 下列属于禁忌的眼神是（　　）。

    A. 注视"亲切交流区"　　　　B. 目光稳定聚焦乘客眉心

    C. 左顾右盼频繁低头　　　　D. 自然眨眼保持舒适感

2. 情绪联想练习微笑的核心目的是（　　）。

    A. 提高面部肌肉力量

    B. 通过回忆快乐场景激发真诚微笑

    C. 延长微笑持续时间

    D. 强化职业礼仪规范

3. 引导乘客查看指示牌时，正确的眼神运用是（　　）。

    A. 始终直视乘客双眼

    B. 先看向目标再引导乘客视线

    C. 全程避免眼神接触

    D. 快速扫视后低头记录

4. 微笑训练中"对着镜子练习"的关键是观察（　　）。

    A. 牙齿清洁程度　　　　B. 面部表情协调性

    C. 发型工整度　　　　D. 工牌佩戴位置

二、填空题

1. 微笑的标准要求嘴角上扬露出约_____颗牙齿，眼睛自然眯起形成"笑眼"。

2. 眼神的"专业对视区"是以双目为底边、_____为顶点构成的三角区域。

3. 使用咬筷法训练微笑时，需用牙齿轻咬筷子保持嘴角_____，形成肌肉记忆。

笔记区

续上表

任务准备	4. 与乘客交流时，眼神接触时间应控制在整体交流时间的_____% ~60%。 5. 处理突发状况时，服务人员需通过_____传递从容态度，缓解乘客焦虑。
任务实施	每位同学分别按照标准的表情规范进行表情礼仪的展示。 小组内轮流展示正确的表情礼仪，规范者为优秀，小失误为合格，其余为不合格。

任务评价

城市轨道交通仪态礼仪——标准表情礼仪评价表

评价项目	子项目	评价标准	分值（分）	得分（分）
表情礼仪	微笑训练	微笑自然，不做作，面部肌肉放松	10	
		微笑具有亲和力，能够传递温暖和友好的情感	10	
		在服务过程中能够保持微笑，不因疲劳或情绪波动而中断	10	
		在不同场合（如乘客投诉、紧急情况）下能够调整微笑的力度和方式	10	
		微笑与语言表达相结合，语气温和，增强服务效果	10	
	眼神训练	与乘客交流时，眼神专注，不游离或分心	10	
		眼神友善，传递出关怀和理解，避免冷漠或敌视	10	
		与乘客保持适度的眼神交流，避免长时间直视或完全回避	10	
		眼神与面部表情协调一致，增强情感传递效果	10	
		在乘客情绪激动或特殊情况下，能够通过眼神传递安抚和理解	10	
合计			100	

笔记区

仪之言——提升城市轨道交通服务沟通技巧

项目说明

本项目围绕城市轨道交通服务礼仪中的沟通礼仪展开，旨在提升城市轨道交通服务人员的沟通技巧与处理乘客投诉与纠纷的能力。通过系统学习有效沟通技巧、电话礼仪与网络礼仪，服务人员能更专业地处理乘客需求。同时，本项目会针对乘客投诉与纠纷的类型、原因及处理原则、流程和方法进行详细介绍，使服务人员能够迅速响应乘客投诉，准确记录关键信息，有效安抚乘客情绪，并通过沟通协商提出合理解决方案，及时反馈处理结果，不断总结改进，进而提升服务质量与乘客满意度。

本项目的思维导图如下。

```
                              ┌─ 有效沟通技巧
              优化日常沟通技巧 ─┼─ 电话礼仪
                              └─ 网络交流（电子邮件）中的礼仪规范
仪之言——提升城市
轨道交通服务沟通技巧
                              ┌─ 城市轨道交通乘客投诉与纠纷的类型剖析及成因探究
              处理乘客投诉与纠纷 ┼─ 投诉与纠纷处理的原则
                              ├─ 投诉与纠纷处理的流程
                              └─ 投诉与纠纷处理的实用技巧
```

教学目标

◎ 知识目标

1. 让学生深入理解沟通的含义、要素、方式、双向性及三个行为，掌握高效沟通的原则和方法。

2. 使学生熟悉导致沟通失败的常见原因，能够准确分析并避免在实际工作中出现类似问题。

3. 引导学生学习有效发送信息、积极聆听以及给予有效反馈的技巧，理解不同沟通态度的特点。

4. 帮助学生掌握电话礼仪、传真礼仪和电子邮件礼仪等网络沟通礼仪知识。

5. 使学生熟知城市轨道交通乘客投诉与纠纷的类型及产生原因，包括服务、设施设备、运营管理和乘客自身等方面。

6. 让学生牢记投诉与纠纷处理的原则、流程和技巧，能够依据相关规定客观公正地处理问题。

◎ 技能目标

1. 提升学生在城市轨道交通职场日常沟通中的能力，包括正确选择信息发送方式、时间、内容等，清晰、有条理地表达信息。

2. 培养学生积极聆听的能力，能够遵循聆听原则，按有效聆听步骤进行，达到专注或设身处地聆听层次。

3. 使学生具备准确区分反馈类型并给予恰当正面或建设性反馈的能力，提升沟通效果。

4. 增强学生在模拟沟通中展现合作性态度的能力，能够与对方共同研究解决方案，达成双赢协议。

5. 提高学生运用沟通视窗技巧，合理扩大公开区、缩小盲区、隐藏区和未知区的能力，增进与他人的信任。

6. 赋予学生妥善处理乘客投诉与纠纷的能力，包括迅速响应、准确记录、有效安抚情绪、合理协商解决以及跟踪回访等。

◎ 素质目标

1. 树立"乘客至上"的服务理念，强化主动服务意识与人文关怀精神。

2. 培养职业同理心，学会换位思考，理解乘客情绪与潜在需求。

3. 塑造职业化沟通态度，避免机械式回应，传递真诚与温度。

4. 引导学生在沟通和处理问题时保持真诚、耐心与热情的态度，能够理解和同情乘客遭遇，缓解对立情绪。

5. 塑造学生积极主动的沟通态度，鼓励其在工作中主动与乘客交流，及时发现并解决潜在问题。

案例导入

"接诉即办"有速度　地铁服务有温度

——北京地铁运营一分公司海淀五路居站区以实际行动为基层治理工作添动力

近年来，北京地铁运营一分公司海淀五路居站区全方位发力解决乘客诉求，精准回应乘客关切，以实际行动为基层治理工作增添动力，让地铁出行成为乘客放心、舒心的选择。2024年，针对6号线的乘客高频诉求，该站区从实际出发，将问题细化分解，精准落实到各车站和班组，针对不同场景制定了专门的应对策略，成功解决了乘客反映的热点问题。

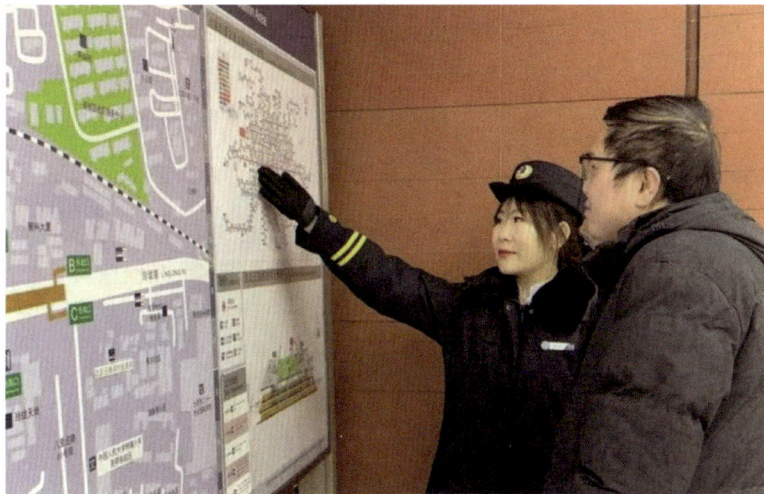

站区工作人员正在为乘客提供指路服务

海淀五路居站区"接诉即办"工作全面推行热线诉求全员办理机制，党支部书记充分发挥示范引领作用，副站区长、技术助理以及班组长紧密配合，构建起一张责任明确、层层压实的"接诉即办"工作网络。该站区一旦接到乘客诉求，各层级迅速响应，第一时间联系乘客，赶赴现场勘察情况，并积极探寻解决办法，确保责任落实到岗到人。面对需要其他部门协助的复杂诉求，该站区第一时间主动协调，打破沟通壁垒，力求全方位、最大限度地解决实际问题，满足乘客出行需求；建立常态化的数据汇总与分析机制，每周、每月汇总接诉即办工单内容，选取典型案例进行分析，形成具有指导意义的站区工单分析报告；让一线员工清晰了解近期乘客需求的动态取向，实现从解决"一件事"向办好"一类事"的深度延伸，提升整体服务的精准度与前瞻性。

为有效规避乘客反映的卫生间异味这一高频诉求，主管"接诉即办"工作的蒋逸平，多次深入车站现场勘察，与安全员、保洁员深入交流，明确问题症结所在。经反复调研验证后，她协助站区制定了一系列行之有效的措施：建立严格的卫生间巡视定期抽查与反馈机制，确保每一次巡视都有迹可循，问题能及时整改；严格落实卫生间值守制度，高峰时段保洁员全程坚守岗位，平峰时段保持高频次巡视，时刻维持卫生间环境的整洁；要求保洁员随身携带空气清新剂，乘客使用卫生间后及时喷洒，为乘客营造清新宜人的如厕环境。

节日期间，外地来京旅客骤增，"票买多了"的情况时有发生。该站区敏锐察觉到这一情况，迅速行动。一方面，组织全体员工开展票务专项培训，通过案例分析、模拟演练等形式，强化员工主动服务意识，让每一位员工都成为票务知识的"活字典"；另一方面，要求工作人员在面对乘客票务问题时，务必多问一句、多想一步，真正站在乘客角度换位思考。

"接诉即办"工作不仅在于及时解决乘客的"急难愁盼"，更在于精准洞悉乘客内心深处的真实需求。今后，海淀五路居站区还将不断优化诉求办理机制，持续深挖乘客潜在需求，以更具创新性的举措、更温暖贴心的服务，为广大乘客营造更加便捷、舒适、温馨的出行环境。

（摘编自《首都建设报》，2025 年 2 月）

引导问题：

在日常服务中，如何通过主动询问技巧挖掘乘客潜在需求，实现从"解决诉求"到"预判需求"的转变？面对复杂诉求需跨部门协调时，站区怎样通过沟通礼仪确保高效解决问题？

任务一
优化日常沟通技巧

知识准备

本任务聚焦于优化日常沟通技巧，涵盖有效沟通、电话礼仪与网络礼仪等方面。有效沟通技巧包含高效沟通概述，涉及明确沟通要素、方式、双向性及行为；阐述高效沟通原则，分析沟通失败原因。电话礼仪包括拨打电话前的准备、通话注意事项、接听要求、声音控制、用语规范、线路及挂电话处理等内容。网络礼仪涵盖传真礼仪，如发前通知、注明信息等，以及电子邮件礼仪，像地址填写、内容书写、标题设置、附件处理、及时回复等要点。

一、有效沟通技巧

美国一家企业管理咨询机构经调研发现，沟通技巧在成功人士所需技能中占据重要地位，是其必备的基本能力之一。对于职业人士而言，有三项最基础的技能，按重要程度依次为沟通技巧、管理技巧和团队合作技巧，这堪称职业人士踏入职场的入门关键课程。全球众多知名企业都将这三项技能视作员工应当掌握的基础要点。毕竟在现实工作场景中，一旦无法实现理想的沟通效果，工作的顺利推进便难以保障。所谓的沟通技巧，其核心就在于指导我们在沟通时如何采取恰当行动。

1. 高效沟通要点阐释

1）沟通的内涵与关键要素

沟通，是围绕既定目标，在个体或群体间传递信息、交流思想以及抒发情感，并最终达成一致共识的动态进程。深入剖析沟通的定义，我们能清晰地提炼出其三大核心要素：其一，必须确立清晰明确的目标，为沟通指明方向；其二，促使双方或多方达成共同认可的协议，确保沟通有实际

笔记区

交谈礼仪

成果；其三，全方位地实现信息、思想与情感的交互传递，丰富沟通的实质内容。

2）沟通的多元形式

在日常工作与生活场景中，人们运用了各式各样的沟通模式。其中，语言沟通尤为普遍，它作为人类独有的高效交流方式，发挥着关键作用。从宏观视角划分，沟通的主要形式涵盖语言沟通与肢体语言沟通两大类别。语言沟通借助话语表达观点，肢体语言沟通则通过身体动作、表情等传递信息。

3）沟通的双向本质

在日常实践中，人们往往存在认知误区，常将单向的信息通知错误等同于沟通。真正的沟通绝非单方面的信息输出，而是双向的互动交流。

4）双向沟通的行为构成

构建起有效的双向沟通，离不开三个关键行为的协同运作，即表达观点的"说"、专注接收的"听"以及深入探究的"问"。这三个行为相互关联、缺一不可，共同推动沟通向纵深发展。

2. 高效沟通遵循的三项原则

1）聚焦行为而非个性评判

在沟通时，应把重点放在探讨某人具体实施的行为，比如其所做之事或所说之语，避免对其个性特质进行主观评判。因为针对行为的交流更具客观性与针对性，能有效减少因个性评价引发的冲突，使沟通围绕实际问题展开。

2）确保沟通内容清晰明确

所谓明确沟通，即要求在整个沟通环节中，所表达的话语务必精准清晰，让接收信息的一方能够获得唯一、准确的理解。模糊不清的表述易引发误解，明确的沟通有助于高效传递信息，减少不必要的沟通成本与偏差。

3）秉持积极聆听态度

积极聆听是实现双向有效沟通的关键支撑。这意味着在沟通中，沟通者要善于专注倾听对方的表达，而不是一味地自顾自倾诉。通过积极聆听，能更好地理解对方意图，为后续的互动交流奠定良好基础，促进沟通顺畅进行。

3. 引发沟通失败的因素剖析

在日常工作与生活中，糟糕的沟通所造成的负面影响不容小觑，其危害程度甚至远超其他不良习惯。以下诸多因素常导致沟通以失败告终。

1）信息匮乏或知识储备不足

沟通双方若缺乏必要的信息，或者对相关知识了解不够，就难以就话题进行深入且有效的交流，容易出现理解偏差或沟通中断的情况。

2）未突出事项重要性

在沟通进程中，若未对所讨论事情的重要程度加以说明，也未梳理出先后顺序，接收方可能无法精准把握沟通重点，导致对信息的重视程度与处理方式出现偏差。

3）过度侧重表达而忽视倾听

只关注自身观点的输出，却忽略了对对方话语的倾听，会使沟通失去平衡。无法全面了解对方想法，就难以实现真正意义上的交流，容易引发矛盾与误解。

4）理解偏差致使询问不当

由于未能充分领会对方话语的含义，后续提出的问题可能偏离主题，无法引导沟通朝着解决问题的方向发展，进而影响沟通效果。

5）沟通时间受限

有限的时间会压缩沟通空间，导致双方无法充分表达想法、深入探讨问题，很多关键信息无法有效传递，难以达成理想的沟通成果。

6）不良情绪干扰

人在沟通时极易受情绪左右，消极情绪会使沟通氛围紧张，阻碍信息的正常传递与理解，极大地干扰沟通的顺利推进，影响沟通效果。

7）忽视反馈环节

沟通结束后，若没有及时关注对方反馈，就无法确认信息是否被正确接收与理解，也难以对沟通效果进行评估与调整，不利于后续沟通的优化。

8）未能洞察他人需求

不了解对方的真实需求，沟通内容便难以契合对方期望，无法满足其心理预期，沟通也就难以达到预期目的。

9）职位与文化差异阻碍

不同职位带来的权力差异、决策差异，以及不同文化背景衍生的价值

笔记区

观、思维方式差异，都会在沟通中形成障碍，导致信息理解与交流出现偏差，造成沟通失败。

4. 助力高效沟通的实用技巧

1）精准信息发送的诀窍

沟通伊始，信息发送环节至关重要。

（1）挑选恰当发送方式：依据沟通情境、对象及内容特性，权衡选择诸如面对面交流、电话沟通、邮件发送、即时通信软件等最合适的信息传递形式，确保信息能高效抵达对方。

（2）把握最佳发送时机：充分考量对方的工作安排、情绪状态以及事情的紧急程度，找准合适的时间点发送信息，以提升对方接收与回应的积极性。

（3）明确核心信息内容：组织语言时，务必确保信息内容简洁明了、重点突出，剔除冗余信息，让对方能迅速抓住关键。

（4）锁定目标接收对象：清晰界定信息的接收者，避免信息错发、漏发，保证信息传递的精准性。

（5）选定适宜发送地点：思考在何处传递信息能营造最佳沟通氛围，提升沟通效果，例如私密事务适合在安静封闭空间交流。

2）积极聆听的精妙要诀

信息发送完毕，对方进入接收环节，也就是聆听。在沟通体系里，聆听的重要性丝毫不亚于表达。日常中，我们虽常听他人讲话，却常忽略其真正想传达的信息，这往往致使沟通失利。可见，聆听堪称极为关键的非语言沟通技巧。

（1）聆听遵循原则：聆听者需主动适应讲话者的表达风格，无论是语速快慢、语调起伏，还是表达方式；充分运用眼睛观察讲话者的表情、肢体动作，结合耳朵接收的语音信息，全方位理解；秉持先理解对方意图，再寻求被理解的态度；适时给予对方肯定与鼓励，让其畅所欲言。

（2）有效聆听四步走：首先，调整自身状态，做好聆听准备；接着，通过眼神交流、点头等方式，向讲话者传递自己准备聆听的信号；然后，积极回应，适时提问、总结，辅助理解；最后，努力理解对方话语背后的全部含义，包括情感诉求、潜在意图等。

（3）聆听的五层境界：第一层为听而不闻，完全未接收信息；第二层是假装聆听，表面在听，实则走神；第三层为选择性聆听，只听自己感兴趣的部分；第四层是专注聆听，集中精力接收信息；第五层是设身处地聆听，站在对方角度，感同身受理解信息。

5. 实现有效反馈的实用技巧

1）反馈的本质内涵

在整个沟通流程中，信息反馈是不可或缺的收官环节。那究竟何为反馈？反馈就是沟通双方期待的信息回流，借此确认信息是否被正确接收、理解，以及对方对信息的态度与看法。

2）反馈的类别解析

反馈主要分为两类：一类是正面反馈，对对方的表现、观点给予肯定与赞扬，增强其信心与积极性；另一类是建设性反馈，旨在为接受者提供有助于达成积极成果的引导。需注意，建设性反馈虽具纠正性，但绝非批评指责，而是以帮助对方改进为出发点，提供客观、有价值的建议。

6. 沟通态度及其构建技巧

1）有效沟通呈现的五种态度类型

在人与人的沟通场景中，因彼此信任程度的差异，各自秉持的态度也大相径庭。要知道，沟通态度是否端正、良好，直接关乎沟通成效，正所谓态度起着决定性作用。按果敢性与合作性的不同维度划分，存在以下五种典型沟通态度。

（1）强迫性态度：持此态度者，果敢决策力极强，然而合作意愿却极度匮乏。常见于父母对孩子、上级对下级的互动中，在这种高压强迫态势下，双方很难达成共识，沟通往往难以通向共同协议。

（2）回避性态度：这类人在沟通时既不果断拍板做决定，也不愿主动与对方携手合作，总是对沟通避而远之，拒绝表达观点、做出决策，如此自然无法收获理想沟通成果。

（3）迁就性态度：秉持迁就态度的人，果敢性近乎缺失，但合作性却异常高涨，不管对方说什么，都一概应允。日常工作中，下级面对上级常出现这种态度。当与下级沟通时，需留意对方是否陷入迁就模式，若如此，沟通便流于形式，难以获取真实、有价值的反馈。同理，亲子沟通中，孩子有时因权力不对等，也会迁就父母。

（4）折中性态度：折中性态度表现为果敢性与合作性均有一定体现，处事风格较为圆滑，力求在两者间寻求平衡。

（5）合作性态度：这是最理想的沟通态度，既要求具备果敢特质，勇

笔记区

于承担责任、果断决策，又要拥有强烈的合作精神。唯有如此，双方在沟通中才能达成互利共赢的共同协议。

2）构建合作态度的实用技巧

合作态度的具体表征如下。

（1）坦诚顾虑：这是合作态度的显著表现之一，是双方都能开诚布公地阐述各自担忧的问题与面临的困难。比如上级询问下级部门不足时，下级若持合作态度，便会毫无保留地倾诉心声。

（2）积极担责：面对问题，双方都主动承担，积极探寻解决之道，而非相互推诿扯皮。

（3）共商方案：不搞一方主导，而是双方共同研讨切实可行的解决方案，充分发挥各自智慧。

（4）对事不对人：沟通全程聚焦行为本身，避免对个人性格、人品进行攻击评判。

（5）达成双赢：最终敲定的协议充分兼顾双方利益，实现互利共赢局面。但实际上，达成合作态度颇具挑战，日常工作与形形色色的人交流时，解决态度问题是沟通成功的前提。

在上级与下级互动时，是采取强迫还是合作态度，直接影响沟通走向。若对方态度不合作，预期沟通效果将大打折扣。面对客户时亦如此，若自身态度摇摆不定，不仅沟通效果差，还徒增工作压力。所以，塑造良好合作态度是沟通的关键一环。

在肢体语言沟通循环中，"说"与"问"是两大关键要素。"沟通视窗"理论将个人信息划分为以下四个区域。

• 公开区：涵盖自己知晓且他人也了解的信息，诸如姓名、性格、住址、工作单位等。

• 盲区：指那些自身未察觉，而他人能洞察的个人缺点或不良行为，如性格弱点、日常无意识的不当举止等。

• 隐藏区：即自己清楚，但对外保密的信息，包括秘密计划、隐私心事等。

• 未知区：即自己和他人都不了解的个人潜在信息。

要扩大公开区，需多表达、多向他人征求意见；为缩小盲区，沟通时应避免只说不问，要注重获取反馈；若想减少隐藏区，不能只问不说，应适当袒露心声；面对竞争，为避免因未知区过大错失机会，需主动了解自

笔记区

身、展示能力，尽可能压缩未知区。

二、电话礼仪

1. 拨打电话的礼仪要点

电话礼仪

打电话前，有必要将计划沟通的内容梳理成清单，防止通话期间遗漏关键信息。同时，务必斟酌拨打电话的时机，充分考虑对方是否方便接听。在他人不方便时贸然致电，是极为失礼的行为。倘若因特殊情况不得不打扰，应先诚恳致歉，并清晰说明缘由。与工作相关的电话，要避开午休以及下班时段，尤其是晚上 10 点至次日早上 7 点之间。

拨通电话后，首先要礼貌问候"您好"，待对方回应明确后，再准确告知要找之人的姓名。若不慎拨错号码，须即刻向对方表达歉意。通话过程中，应全神贯注聆听，建议同步做笔记，坚决杜绝边打电话边与身旁人交谈。若因特殊情况需暂时中断通话，应向对方说明："不好意思，请稍等片刻。"通话时长应适度控制，一般以不超过 3min 为宜。临近通话结束，可简要回顾、总结交谈要点，放下话筒时动作要轻柔，如图 4-1 所示。

笔记区

图 4-1　电话礼仪规范

2. 接听电话的礼仪规范

听到电话铃声响起，应迅速接听，理想状态是在铃声响 3 声内接起，若接听延迟，须先向对方道歉。接通电话后，第一时间自报单位（部门）名称或个人姓名。接听电话时，口中切勿咀嚼食物或含着东西，通话时声调要适中，语气保持柔和、沉稳。

接打电话时，还需注意以下关键事项。

（1）声音把控：接打电话过程中，声音要富有表现力，展现出亲切自然之感，让对方切实感受到自己精神饱满、专注投入、敬业负责。同时，通话时保持微笑，因为微笑能为声音注入感染力，即便通过电话，也能传递给对方积极情绪。

（2）用语规范：语言表达力求简洁明了，吐字清晰准确，切忌对着话筒咳嗽或吐痰。称呼对方时，务必加上恰当头衔，不可直呼其名，以示尊重。

（3）线路问题处理：若通话时线路意外中断，拨打电话一方应主动重新拨打，再次接通后，应先向对方致歉。若一段时间内拨打电话方未重拨，接听方也可尝试回拨。

（4）挂电话顺序：通常遵循"谁拨打谁先挂断"原则。但与身份、地位较高的"尊者"通话时，出于尊重，应让"尊者"先挂电话。

（5）准时等候回电：若与他人约定好回电时间，届时务必确保手机畅通或在电话机旁等候。若因事需暂时离开，一定要告知同事自己预计返回的准确时间，以免来电时同事无法应对。

（6）妥善处置留言：对于电话留言，应及时回复。若回拨时对方不在，务必留言说明已回电。若自身确实无法亲自回电，也要委托他人代为处理。

（7）避免干扰他人通话：若进入他人办公室时，对方正在通话，应轻声致歉并迅速离开。若对方示意稍作等候，可安静坐在一旁，切不可发出任何干扰声音。若有急事必须打断，可将问题写在便笺纸上，放在对方眼前，随后离开。

3. 手机使用的礼仪细节

手机作为现代生活中极为便捷的通信工具，在使用时也有诸多需要特别关注的礼仪。

（1）办公时间私人通话：办公期间接听或拨打私人电话，应尽量缩短通话时长。若遇到紧急或重要事情，需较长时间通话，可移步至办公室外的走廊尽头接听，避免在走廊来回走动通话影响他人。

（2）重要保密会议：参加保密性要求极高的重要会议时，尽量不要携带手机进入会场。若已携带，必须关闭手机电源，并取出电池，防止信息泄露风险。

（3）特殊场合设置：在重要聚会、重大仪式、电影院、观看比赛等场合，应将手机调至静音模式或暂时关机。若有重要来电不得不接听，应迅速离场后再进行通话；若实在无法离开，务必压低声音，确保不影响周围其他人。

（4）特定场景要求：在加油站、乘坐飞机、参加音乐会、观看对安静环境要求苛刻的比赛（如射击、台球比赛）等特定场景下，必须关闭手机，以保障安全或维护良好环境秩序。

（5）进餐时的礼仪：日常与他人一同进餐时，尽量避免拨打手机。若有电话接入，应先说"对不起"，然后尽快接听，且通话内容要简短。

笔记区

三、网络交流（电子邮件）中的礼仪规范

（1）完整填写信息：在邮箱地址栏填写联系人信息时，务必完整准确，通常应详细备注对方的工作单位、所在部门、姓名以及职务，切勿使用昵称。因为收件人在接收邮件时，能够清晰地看到发件人对自己的备注内容，规范填写体现了尊重与专业。

（2）精简语言格式：书写电子邮件时，语言表达要简洁扼要，选用的字体和字号需确保收件人阅读起来轻松舒适。完成撰写后，仔细检查有无拼写错误等问题，避免因小失误影响邮件质量。

（3）设置精准标题：发送邮件时，应设置直观、精准的标题，便于收件人快速了解邮件主旨，及时进行查阅。对于重要邮件，可发送两次以确保成功送达。邮件发送结束后，可通过电话等方式询问对方是否收到，并提醒其及时查看。

（4）谨慎处理附件：发送附件时，首先要确认附件已成功上传，同时要考虑对方是否安装了能够打开该文件的相应软件，以免对方无法读取附件内容。

（5）迅速回复邮件：收到电子邮件后，应尽快给予回复，及时回应发件人的诉求或信息，展现良好的沟通态度。

（6）区分公私用途：工作邮箱专门用于工作事务的交流，不可用于传递私人邮件，以保持工作与生活界限清晰，维护工作邮箱的专业性与规范性。

📖 **暖心沟通**

　　武汉地铁2号线汉口火车站中心站长姚婕，立足"微笑服务"品牌，针对大客流、特殊乘客群体及突发事件，总结出"姚婕服务工作法"，其核心在于以规范化沟通流程与人性化服务细节提升服务质量，将思政教育融入岗位实践，实现"技能提升"与"价值引领"双目标。

　　通过"技能标准化、服务人性化、价值可视化"三维度，将思政教育融入轨道交通服务全流程，既提升了服务品质，又培育了员工的责任意识与人文情怀，为城市公共服务领域的思政教育提供了可复制的实践范式。

笔记区

任务考核

班级		姓名		学号	
小组分工				日期	
任务描述	围绕日常沟通技巧优化，涵盖有效沟通、电话礼仪及网络礼仪等内容，考查对沟通原则、技巧及各类礼仪规范的掌握与运用。 任务要求： 准确阐述沟通要点，结合实际场景说明如何运用技巧与礼仪，分析常见沟通问题及解决方法，并完成考核。				
任务准备	一、选择题 1. 有效沟通的核心要素不包括（　　）。 　　A. 明确沟通目标　　　　B. 使用专业术语 　　C. 达成共同协议　　　　D. 实现信息交互 2. 以下行为中，属于"积极聆听"表现的是（　　）。 　　A. 边听边玩手机　　　　B. 打断对方表达观点 　　C. 用眼神交流并点头回应　D. 听完立刻反驳对方 3. 沟通失败的主要原因中，与"情绪管理"无关的是（　　）。 　　A. 不良情绪干扰　　　　B. 忽视反馈环节 　　C. 沟通时间受限　　　　D. 职位与文化差异 4. 拨打工作电话时，错误的做法是（　　）。 　　A. 提前梳理沟通清单　　B. 在对方午休时间致电 　　C. 通话时长控制在 3min 内　D. 拨错号码后立即道歉 5. 下列电子邮件礼仪中，不符合规范的是（　　）。 　　A. 使用"紧急"作为邮件标题 　　B. 附件命名为"文件.docx" 　　C. 48h 内回复邮件 　　D. 用工作邮箱发送私人内容 6. 处理电话线路中断时，正确的做法是（　　）。 　　A. 等待对方重拨　　　　B. 主动回拨并致歉 　　C. 直接挂断不再联系　　D. 让同事代为处理 二、填空题 1. 沟通的三大核心要素是：_____、_____、_____。				

笔记区

_____
_____
_____
_____
_____
_____
_____
_____
_____

笔记区

任务准备	2. 高效沟通应遵循的三项原则是：_____、_____、_____。 3. 电话接听礼仪中的"三声原则"指：铃声响_____声内需接听，若延迟需_____。 4. 沟通的主要形式包括语言沟通与_____沟通。 5. 沟通失败的原因中，双方缺乏必要信息或对相关知识了解不够，导致难以深入交流的是_____。
任务实施	模拟日常沟通场景，要求参与者依据有效沟通、电话及网络礼仪知识，完成沟通任务，展现技巧运用与礼仪遵循情况。 小组内互评，小组长打分，并交流经验。
任务评价	城市轨道交通沟通技巧评价表

城市轨道交通沟通技巧评价表

评价项目	子项目	评价标准	分值（分）	得分（分）
城市轨道交通职场日常沟通	高效沟通认知	能否准确阐述沟通的含义、要素、方式、双向性及三个行为	5	
		对高效沟通的三个原则理解是否到位	5	
	沟通失败原因分析	能否全面且准确地列举并解释导致沟通失败的常见原因	10	
	有效发送信息技巧	在模拟沟通场景中，能否正确选择信息发送方式、合适的发送时间、确定准确的信息内容、明确接收对象及合适的发送地点	8	
		发送信息时语言表达是否清晰、有条理	7	
	积极聆听技巧	是否遵循聆听原则，包括适应讲话者风格、眼耳并用、先理解他人再求被理解、鼓励对方	10	
		在模拟场景中，能否按有效聆听的四个步骤进行聆听	10	
		判断聆听层次，是否达到专注或设身处地聆听	5	

续上表

评价项目		子项目	评价标准	分值（分）	得分（分）
任务评价	城市轨道交通职场日常沟通	有效反馈技巧	能否准确区分反馈类型，并在模拟场景中给予恰当的正面反馈或建设性反馈	10	
			反馈内容是否具有针对性和有效性	5	
		沟通态度	能否准确识别并阐述五种沟通态度的特点	5	
			在模拟沟通中，是否展现出合作态度，包括说明各自担心的问题、积极解决问题、共同研究方案、论事不对人、达成双赢协议	10	
			能否运用沟通视窗技巧，合理扩大公开区、缩小盲区、隐藏区和未知区	5	
		综合表现	在整个实训过程中，沟通的流畅性、应变能力以及与团队成员的协作情况	5	
	合计			100	

笔记区

任务二
处理乘客投诉与纠纷

知识准备

城市轨道交通在城市公共交通体系中占据着关键地位，每日客流量庞大，可达数百万之多。在此期间，受多种因素影响，乘客时常会发起投诉或者引发纠纷。如何恰当地处置这些投诉和纠纷，对于优化服务品质、维护企业形象、保障乘客权益而言，有着极为重要的意义。本节会深入阐述城市轨道交通在处理乘客投诉与纠纷时所遵循的基本原则、执行流程和实用方法。

一、城市轨道交通乘客投诉与纠纷的类型剖析及成因探究

1. 投诉与纠纷的主要类别

（1）服务质量相关投诉：常见的有列车未能按时抵达，工作人员服务态度冷漠，信息传递模糊、不准确等问题。这些问题直接影响乘客的出行体验，引发他们对服务的不满。

（2）设施设备引发投诉：如车站内部分设施损坏却未及时修复，车厢内部环境欠佳，无障碍设施无法满足特殊乘客需求等情况。设施的不完善或故障，给乘客的出行带来诸多不便，进而导致投诉。

（3）安全层面投诉：包括紧急疏散流程不顺畅，安全指示标识不清晰，无法在关键时刻为乘客指引正确方向等问题。安全是乘客出行的首要考量，这类问题极易引发乘客对自身安全的担忧与投诉。

（4）票务问题导致纠纷：像票价方面的争议，如乘客对票价合理性存疑，以及票务系统出现故障，如购票失败、刷卡异常等情况，都可能引发乘客与运营方之间的纠纷。

2. 投诉与纠纷的原因深度分析

1）服务维度

（1）服务意识淡薄：部分工作人员尚未深刻领会服务乘客的核心意

义，主动服务意识薄弱，对乘客的需求关注度不足。例如，当乘客上前寻求帮助时，工作人员态度敷衍，未能积极主动地为乘客排忧解难，严重影响乘客感受。

（2）业务能力欠缺：工作人员对地铁运营知识、票务政策细节以及线路信息掌握不够扎实，面对乘客的询问，无法迅速、准确地提供解答。例如，乘客咨询换乘路线时，工作人员给出错误指引，致使乘客行程延误，最终引发投诉 。

2）设施设备维度

（1）设备老化与故障频发：自动售票机、闸机、电梯等长期高频使用的设备，因缺乏定期维护保养以及及时更新换代，频繁出现故障，极大地干扰了乘客的正常出行。例如，闸机在乘客正常刷卡后无法正常开启，阻碍了乘客通行，导致乘客不满。

（2）设计不合理：一些车站的整体布局、导向标识设置不够科学合理，乘客难以快速找到进站口、换乘通道、出站口等关键位置。例如，换乘通道冗长且指示标识模糊，乘客在换乘过程中极易迷失方向，进而产生抱怨与不满。

3）运营管理维度

（1）运营计划不科学：列车运行时刻表制定未能精准匹配不同时段的客流量变化，高峰时段运力供不应求，平峰时段又存在资源闲置浪费的情况，这直接导致乘客对列车晚点或发车间隔过长的投诉不断。

（2）应急处理能力不足：当遭遇设备故障、恶劣天气、突发安全事件等紧急状况时，运营单位的应急响应迟缓，处理措施不得力，无法有效稳定乘客情绪并解决实际问题。例如，暴雨天气致使部分站点积水严重，地铁运营单位未能及时开展排水作业与人员疏导，造成大量乘客滞留，引发众多投诉。

4）乘客自身维度

（1）乘客期望过高：部分乘客对城市轨道交通服务质量的期望远远超出了实际可实现的范围，一旦服务未能达到其心理预期，便容易滋生不满情绪并发起投诉。例如，乘客幻想在任何时段乘坐地铁都能享有非高峰时段的舒适与快捷，当面临高峰时段的拥挤时，就会选择投诉。

（2）乘客素质差异：少数乘客公共道德意识缺失，在地铁内肆意做出大声喧哗、随地吐痰、不遵守排队秩序等不文明行为，极易引发其他乘客

笔记区

137

的反感与纠纷。同时，部分乘客对地铁运营规则缺乏了解，不配合工作人员的管理工作，也常常导致纠纷产生。例如，有些乘客拒绝接受安检，强行闯入安检区域，引发矛盾冲突。

二、投诉与纠纷处理的原则

1. 乘客优先原则

城市轨道交通运营中，务必将乘客的需求与利益置于核心地位。无论投诉与纠纷因何而起，均应以快速解决乘客问题、满足其合理诉求为导向。处理时，应聚焦于如何切实帮助乘客摆脱困境，而非急于追究责任。例如处理乘客投诉时，要第一时间思考怎样迅速化解乘客面临的难题，将乘客的感受和需求放在首位，让乘客切实体会到被尊重和重视。

2. 快速响应原则

一旦接到乘客的投诉或纠纷反馈，须即刻做出反应，迅速介入处理流程。任何拖延都可能致使乘客的不满情绪急剧升级，大幅增加后续处理难度。例如，当收到乘客关于列车晚点的投诉时，客服人员应立即向乘客通报当前状况，并紧密跟踪列车运行动态，及时将最新消息传达给乘客，确保乘客随时了解进展。

3. 诚恳待人原则

负责处理的工作人员需以真诚之心面对乘客，认真聆听他们的诉求，对乘客的遭遇表达充分理解与同情。这种真诚的态度能有效缓和乘客的对立情绪，为后续问题的妥善解决营造良好氛围。在与投诉乘客交流时，使用诚挚的语言致歉，如"给您造成不便，我们深感愧疚，定会全力以赴解决问题"，让乘客感受到诚意。

4. 公正客观原则

处理投诉与纠纷过程中，必须依据事实情况以及相关规定，秉持客观、公正的态度判定责任，不偏袒任何一方。对于乘客合理的诉求，要坚定支持并全力解决；对于不合理的部分，要耐心细致地解释说明，争取乘客理解。例如，在处理乘客与工作人员的纠纷时，通过查看监控视频、询问相关证人等手段，还原事件真相，做出公正合理的处理决策。

5. 首问负责制原则

第一个接待乘客投诉或纠纷的工作人员，需对整个处理流程全程负责，直至问题圆满解决。严禁将问题推诿给其他同事或部门，要积极整合

笔记区

各方资源，密切跟踪处理进度，并及时向乘客反馈最终结果。假设乘客在站台向站务员投诉车厢卫生问题，站务员不能仅仅记录了事，而应持续跟进保洁部门的处理情况，并将处理结果及时反馈给投诉乘客。

三、投诉与纠纷处理的流程

1. 投诉接收环节

（1）主动问询：当察觉到乘客情绪出现波动，呈现出焦急、不满等异常状态时，工作人员应主动上前，以关切的口吻询问乘客是否需要协助，及时捕捉可能存在的投诉信息。

（2）信息记录：工作人员要细致入微地记录乘客投诉的具体内容，涵盖事件经过、发生时间、所处地点等关键信息，为后续处理提供翔实依据。

2. 情绪安抚阶段

（1）共情表达：运用温和、舒缓的语言，向乘客传递对其当下情绪的深切理解，例如"我非常明白您此刻的感受"，以此拉近与乘客的距离，缓解其紧张、愤怒的情绪。

（2）实际关怀：适时询问乘客是否有实际需求，如提供饮用水、引导至座椅处休息等，通过实际行动给予关怀，进一步安抚乘客情绪。

3. 问题分析流程

（1）情况核查：借助监控录像、询问涉事相关人员等多种方式，全面、准确地核实乘客投诉的具体情况，还原事件的真实面貌。

（2）责任界定：依据核实后的事实，客观、公正地判断责任归属，坚决杜绝主观猜测和片面判断，确保责任认定有理有据。

4. 方案提出步骤

（1）协商解决：积极与乘客展开沟通协商，共同探讨并提出合理的解决方案，常见方式包括诚恳道歉、给予适当补偿等，力求满足乘客合理诉求。

（2）进度反馈：若问题无法当场解决，须及时向乘客说明目前的处理进度，并告知预计解决时间，让乘客对处理过程心中有数，减少焦虑。

5. 跟踪回访举措

（1）满意度确认：在问题得到妥善处理后，主动联系乘客，询问其对处理结果的满意度，了解乘客是否还有其他意见或建议。

笔记区

（2）记录存档：将整个投诉处理过程的详细信息，包括投诉内容、处理措施、最终结果等，进行全面记录并妥善归档，为后续服务改进提供有力参考。

四、投诉与纠纷处理的实用技巧

1. 沟通类技巧

1）专注倾听之法

处理乘客投诉与纠纷期间，处理人员务必全身心投入倾听乘客诉求，给予乘客充足时间来完整表达想法。坚决避免中途打断乘客发言，同时借助眼神交会、点头示意等肢体语言，向乘客传递专注与尊重。例如，当乘客叙述投诉事件时，处理人员目光紧随着乘客，适时点头，使乘客切实感受到自己被认真倾听。

2）语言运用窍门

与乘客交流要选用礼貌、温和且表意清晰的措辞，杜绝使用生硬、冷淡或具有攻击性的语言。致歉时，态度要真挚、表达要直白，如"实在是非常抱歉，给您添了这么大的麻烦"。阐述问题缘由与解决方案时，做到简洁易懂，确保乘客能轻松领会。例如，向乘客解释列车晚点缘故，用平实语言描述故障状况及抢修进度，避开专业晦涩词汇。

3）情绪安抚妙招

面对情绪激动的乘客，需即刻采取有效手段安抚其情绪。可通过表达对乘客感受的理解、认同，让乘客体会到被关怀、被尊重。例如，对处于愤怒状态的乘客讲："我特别明白您当下的心情，换作是我遇到这种事，肯定也会生气。我们会争分夺秒解决这个问题。"

2. 问题解决技巧

1）精准定位问题核心

在掌握投诉与纠纷的大致情况后，迅速剖析问题本质，精准锁定关键要点，明确解决问题的思路与方向。例如，当乘客投诉车厢温度过高时，要快速判断是空调设备故障，还是温度设置不合理，从而有针对性地制定解决办法 。

2）灵活定制解决方案

依据乘客的个性化需求与实际场景，灵活变通解决方案，不局限于固有模式，始终以满足乘客合理诉求为根本目标。例如，对于因设备故障无

笔记区

法正常出站的乘客，除安排人工引导出站外，还要结合乘客后续行程，适当给予交通费用补偿。

3）协同多方力量攻坚

部分复杂的投诉与纠纷，单靠一个部门或岗位难以解决，常需多个部门协同合作。处理人员应积极整合各方资源，凝聚合力推动问题解决。例如，处理乘客对车站环境脏乱差的投诉，需要协调保洁、设备维护等多个部门共同开展清洁与维护工作。

📖 职业素养

站务员在向乘客提供效劳的同时，也在创造价值，站务员越优秀，创造的价值越大，对社会做出的贡献也就越多。

1. 具有娴熟的服务技艺

站务员的工作是直接面对乘客的，其服务结果直接呈现给乘客，且服务过程具有不可逆性。这就要求站务员防止出现工作失误，不仅需具备高度的职业责任心与娴熟的服务技能，还需适应网络化运营趋势。若想成为一名优秀的站务员，还要持续学习网络运营的新知识，熟悉相关的法律法规，把各种规程、操作程序及规范融入工作中。

2. 具有强烈的服务认识

服务意识是衡量城市轨道交通站务员素质的标准之一。站务员要具有强烈的服务意识，树立"服务对象是贵宾"的观念。这样站务员一旦进入岗位，就能克服各种困难，主动、热情、耐心、周到地为乘客提供服务。

3. 具有良好的自制力

自制力是一种对个人情感、行为的约束控制。一名优秀的站务员，应擅长控制自己的心情，约束自己的情感，注意自己的举止。不管与哪种类型的乘客接触，无论遇到什么问题，都可以做到不慌不忙，不失礼于人。

4. 具有较高的应变能力

应变能力是站务员应当具有的素质，体现在其处置突发事件和特殊情况的能力上。这就要求站务员不断拓展知识面，提升剖析问题、交际等各种才能；熟知各类应急处置预案；具有良好的心理素质，做到临危不乱，以应对各种服务需求。

笔记区

任务考核

班级		姓名		学号	
小组分工				日期	

任务描述	模拟城市轨道交通场景，面对乘客投诉与纠纷，依据处理原则、流程及技巧，化解矛盾，维护企业形象与乘客权益。 任务要求： 准确识别投诉类型与成因，遵循原则处理，按流程操作，灵活运用技巧，达成令乘客满意的处理结果，并完成考核。

笔记区

任务准备	一、选择题 1. 不属于服务质量相关投诉的是（　　）。 　　A. 列车晚点　　　　　　　　B. 车站设施损坏 　　C. 工作人员服务态度差　　　D. 信息传递不准确 2. 因乘客对票价合理性存疑引发的争议属于（　　）。 　　A. 服务质量投诉　　　　　　B. 设施设备投诉 　　C. 安全层面投诉　　　　　　D. 票务问题纠纷 3. 下列属于乘客自身原因导致投诉与纠纷的是（　　）。 　　A. 设备老化故障　　　　　　B. 运营计划不科学 　　C. 乘客期望过高　　　　　　D. 工作人员业务能力欠缺 4. 投诉与纠纷处理原则中，将乘客需求与利益置于核心地位的是（　　）。 　　A. 快速响应原则　　　　　　B. 乘客优先原则 　　C. 诚恳待人原则　　　　　　D. 公正客观原则 5. 处理乘客投诉时，第一个接待的工作人员须对整个流程负责到底，这体现了（　　）。 　　A. 首问负责制原则　　　　　B. 公正客观原则 　　C. 诚恳待人原则　　　　　　D. 快速响应原则 6. 处理乘客投诉与纠纷时，不符合沟通类技巧的做法是（　　）。 　　A. 中途打断乘客发言　　　　B. 用礼貌温和的语言交流 　　C. 专注倾听乘客诉求　　　　D. 安抚激动乘客情绪 二、填空题 1. 投诉处理的首要原则是_____，须始终以解决乘客需求为核心。

续上表

任务准备	2. 投诉接收环节中，工作人员需通过_____捕捉乘客潜在投诉信号。 3. 在情绪安抚阶段，使用_____（如"我理解您的感受"）可缓解乘客对立情绪。 4. 处理票务纠纷时，需依据_____和_____核实责任归属。 5. 投诉处理流程的闭环管理要求进行_____并记录归档。 6. 协同解决设备故障类投诉时，需启动_____整合资源。
任务实施	模拟城市轨道交通乘客投诉与纠纷的场景，考核人员运用处理原则、流程及技巧，安抚乘客、解决问题、记录反馈的能力。 小组内互评，小组长打分，并交流经验。

笔记区

_____

_____

_____

_____

_____

_____

_____

_____

_____

城市轨道交通投诉与纠纷处理评价表

评价项目	子项目	评价标准	分值（分）	得分（分）
任务评价 乘客投诉与纠纷处理	投诉受理	能否迅速响应乘客投诉，态度积极热情	10	
		是否准确记录投诉关键信息，包括时间、地点、投诉人信息、投诉内容等	5	
		能否安抚投诉乘客情绪，使其初步缓解不满	5	
	调查核实	是否能运用多种合理方式收集与投诉相关的证据，如查看监控、询问证人等	10	
		对收集到的证据分析是否准确，能否找出投诉产生的根本原因	10	
	沟通协商	与投诉乘客沟通时，语言是否礼貌、温和、清晰，表达是否流畅	10	
		是否能认真倾听乘客意见，不打断乘客发言，有效互动	10	
		提出的解决方案是否合理、可行，是否充分考虑乘客诉求	5	
		面对乘客异议，能否灵活调整方案，积极协商达成一致	5	

续上表

评价项目	子项目	评价标准	分值（分）	得分（分）
任务评价	乘客投诉与纠纷处理			
	处理反馈	是否在规定时间内将处理结果及时反馈给乘客。反馈方式是否恰当，内容是否清晰、完整	10	
		能否进行有效的满意度调查，对乘客反馈有回应	5	
	总结改进	对投诉处理过程的总结是否全面、深入，能否分析出存在的问题和不足	10	
		提出的改进措施是否具有针对性和可操作性	5	
合计			100	

笔记区

仪之行——践行城市轨道交通优质服务

项目说明

本项目聚焦城市轨道交通优质服务践行，通过详细讲解站厅服务、自动售票机购票指引、进出闸指引、票务服务及站台服务等内容，使服务人员掌握基本服务技能和工作职责。同时，构建车站人员服务标准，明确行为、用语、着装、仪态、应急处理及特殊乘客服务等方面的具体要求，确保服务人员以专业、礼貌、贴心的态度为乘客提供优质服务，提升乘客满意度，维护城市轨道交通企业形象。

本项目的思维导图如下。

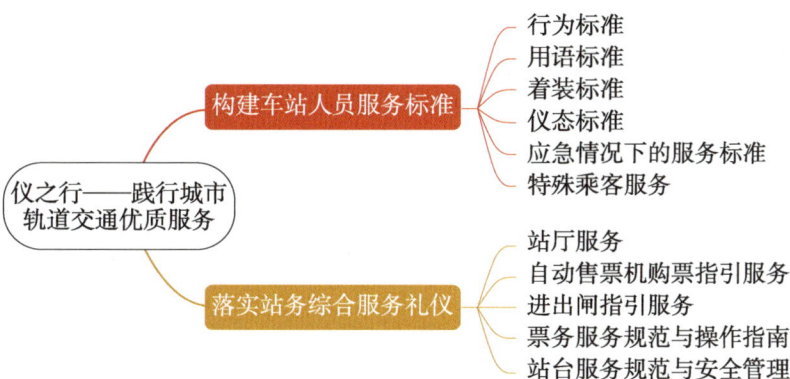

```
                                        行为标准
                                        用语标准
                          构建车站人员服务标准  着装标准
                                        仪态标准
                                        应急情况下的服务标准
                                        特殊乘客服务
仪之行——践行城市
轨道交通优质服务
                                        站厅服务
                                        自动售票机购票指引服务
                          落实站务综合服务礼仪  进出闸指引服务
                                        票务服务规范与操作指南
                                        站台服务规范与安全管理
```

教学目标

◎ 知识目标

1. 让学生熟知城市轨道交通站务工作人员在站厅、自助售票机、进出闸、票务、站台等不同岗位的服务内容与工作职责。

2. 使学生掌握城市轨道交通乘务工作人员车场作业及正线作业的工作要求与流程。

3. 引导学生学习如何识别和处理乘客在进出闸、购票等过程中出现的各种特殊情况及问题。

4. 帮助学生了解城市轨道交通车站人员在行为、用语、着装、仪态等方面的服务标准与规范。

5. 让学生知晓应急情况下的服务流程与技巧，以及对特殊乘客的服务要点与方法。

6. 使学生明白城市轨道交通相关法规规定，如《城市轨道交通管理条例》《城市轨道交通乘客守则》等，以便更好地服务乘客。

◎ 技能目标

1. 赋予学生在站厅有效引导和劝导乘客的能力，使其能及时发现并满足乘客需求，维护站厅秩序。

2. 培养学生为乘客提供自助售票机贴心指引服务的能力，使其熟练掌握购票流程，准确解答乘客疑问。

3. 提升学生解决各种进出闸特殊问题的能力，确保乘客顺利进出闸，处理过程规范、专业。

4. 增强学生在票亭有礼貌地为顾客提供购票、补票等票务服务的能力，做到服务高效、态度良好。

5. 使学生具备确保乘客安全、有序进行上下车的站台服务能力，能及时处理站台突发情况。

6. 锻炼学生在应急情况下维持乘客秩序、疏散乘客的能力，以及为特殊乘客提供个性化服务的能力。

◎ 素质目标

1. 强化学生的职业责任感，促使其严格遵守公司规章制度，认真履行岗位职责。

2. 提升学生的团队协作精神，使其明白在应急情况及复杂工作场景中，与同事协同合作的重要性。

3. 塑造学生良好的职业道德素养，引导其尊重乘客、公平公正对待每一位乘客，杜绝不文明行为。

4. 增强学生的情绪管理能力，使其在面对乘客的不满与抱怨时，能保持冷静、克制，以积极态度化解矛盾。

5. 培养学生的创新服务理念，鼓励其在服务过程中不断探索更优质、高效的服务方式。

案例导入

共创文明乘车环境　昆明地铁开展文明礼仪教育引导活动

为深化全国文明城市和国家卫生城市创建工作，更好地迎接和服务 COP15 大会，将更优质的文明礼仪服务融入地铁工作的各岗位中，携手乘客共创地铁文明乘车环境，8 月 6 日上午，昆明地铁在 1、2 号线首期东风广场站和列车上开展了"文明乘车，平安地铁，你我同行"文明礼仪教育引导活动。

上午 10 点整，在东风广场站站厅里，一场精彩的文明礼仪展示拉开了活动的序幕。整齐着装的工作人员现场演示了文明规范的岗位作业标准，排队候车三部曲及"您好、请、谢谢、对不起、再见"十字文明用语，吸引了过往乘客的驻足围观。

现场展示结束后，地铁工作人员身披文明引导绶带来到东风广场站站台，手持"文明出行 清静你我""背包前置　方便你我"引导牌在车门前引导乘客文明乘车，在上下车人多时提醒乘客将背包前置，保障自身财产安全的同时避免影响其他乘客。

之后，地铁工作人员走进车厢。司机小哥哥们向乘客宣讲灭火器、紧急通话器、紧急拉手、安全锤等设施设备的使用方法及注意事项，为乘客解惑地铁出现重新开关门、未到站停车等现象的主要原因，引导乘客在面对乘车过程中的特殊情况要冷静面对，服从工作人员的指引。

有乘客表示，"经过列车司机的耐心讲解，终于知道抢上抢下的危险和列车二次开关门的原因了，为了自身安全的同时也为了不影响其他乘客，要坚决杜绝这种不文明行为"。

为乘客答疑解惑后，地铁工作人员手持引导牌，开展车厢"文明出行，清静你我"的文明劝导活动。经过地铁工作人员的耐心劝导，手机声音外放的乘客纷纷戴上了耳机。

本次活动，地铁工作人员用实际行动将文明礼仪融入地铁日常工作中，营造了安全有序、文明有礼的乘车氛围，展示了地铁作为窗口单位优质的服务形象，发挥了轨道交通作为城市文明传播纽带的效用。

在此，昆明地铁倡议广大市民、游客争做文明乘客，与地铁工作人员携手共创文明、良好的乘车环境，为昆明市文明城市创建添砖加瓦！

（摘编自人民资讯，2021 年 8 月）

引导问题：

地铁工作人员在站台引导时遵循了哪些服务标准？从活动看，地铁工作人员的行为标准体现在哪些方面？当乘客在站台徘徊犹豫时，站务员怎样主动沟通并给予正确指引？

任务一
构建车站人员服务标准

知识准备

本任务明确了车站人员的服务标准，涵盖行为、用语、着装、仪态、应急处理及特殊乘客服务六大方面。行为上，要求遵纪守法、按时到岗、不做无关事，执行首问责任制并帮助特殊群体。用语方面，使用普通话及文明用语，注意称谓与广播规范。着装要统一整洁，按规定搭配服饰与配饰，对发型妆容、文身及佩戴饰品有严格要求。仪态需保持挺拔、端正、文雅。应急情况发生时，员工要熟悉流程，镇定安抚乘客，引导疏散，让乘客先行并重点关注特殊群体。针对特殊乘客，提供必要服务、无障碍预约，处理走失及身体不适等情况。

一、行为标准

1. 遵纪守法与职业道德

地铁员工在工作期间，要像坚守阵地的卫士一样，严格遵循国家的法律法规以及公司制定的各项规章制度。这不仅是基本要求，更是保障地铁系统正常运转的基石。例如，在处理票务相关事务时，不管是售卖车票、处理退票，还是处理各种票务纠纷，都必须按照公司既定的票务规则来执行，绝对不能因为个人私利或者图方便就违规操作。同时，要时刻牢记自己的岗位职责，像列车驾驶员就要专注于安全驾驶列车，站务员就要做好乘客引导、站台秩序维护等工作。秉持良好的职业道德也非常关键，要始终保持诚信、敬业的态度，不能出现任何损害公司形象、侵犯乘客权益的行为，例如不能私自挪用票款，不能对乘客态度恶劣等。

2. 按时到岗与交接工作

每天上班都得按时到达工作岗位，就像学生按时上课一样，不能迟到早退。按时到岗能保证工作的顺利衔接，避免因人员不到位而导致工作出现漏洞。同时，要严格执行交接班制度。在交接班时，必须把自己工作范围内的所有相关事项都详细地告知接班的同事。例如，早班的站务员在工作过程中发现某个自动扶梯出现了异常噪声，或者某个照明灯具坏了，在交接班时，就要把这些设备的故障情况以及自己采取的临时应对措施，应详细地交接给下一班同事，让他们能够更好地开展后续工作，确保车站的各项设施设备始终处于良好的运行状态，为乘客提供顺畅的出行环境。

3. 保持良好状态与行为举止

在上班前 8 个小时内，一定不能饮酒。酒精可能会影响工作时的反应能力和判断能力，给乘客和工作带来潜在风险。同时，不要吃那些异味较大的食品，如大蒜、榴莲之类。因为地铁空间相对封闭，异味会迅速扩散，影响其他乘客的乘车体验。要时刻注意保持口腔清洁，不能有异味，这样在与乘客交流时，才能给乘客留下好印象。在工作期间，要时刻注意自己的行为举止，不能做出像挖鼻孔、随地吐痰这种有碍卫生的动作，也不能有叉腰、抖腿、倚靠栏杆等有碍观瞻的行为。比如，在站台引导乘客上下车时，要始终保持挺拔的站姿，用规范的手势引导乘客，展现出地铁员工专业、精神的形象。

4. 杜绝违规行为

在工作岗位上，严禁使用手机、平板、智能手表、智能手环等电子设备做与工作无关的事。这些设备虽然给生活带来了便利，但在工作时使用它们玩游戏、刷视频、看小说、聊私人天等，会分散注意力，导致无法专心服务乘客和履行工作职责。同时，在岗上也不能和同事聊天、看报纸、吃东西。想象一下，当有乘客焦急地前来咨询换乘路线或者列车运营时间时，你却在一旁看报纸或者和同事闲聊，没有及时回应乘客，这会让乘客感到非常失望，严重影响地铁的服务质量和形象。

5. 执行首问责任制

要坚决执行首问责任制原则。当乘客向你提出问题或者寻求帮助时，绝对不能说"我不知道"或者"我没有办法"这样推诿的话语。不管乘客的问题是否在你职责范围内，都要积极主动地帮助乘客解决问题。比如，乘客询问某个地铁站周边有哪些旅游景点或者大型商场，即使你不太清楚具体位置，也应该通过查询手机地图、询问其他同事或者查看站内的便民信息资料，给乘客一个准确的答复。不能因为怕麻烦或者觉得不是自己的事

笔记区

就对乘客敷衍了事，要把帮助乘客当作自己的重要任务，让乘客感受到地铁员工的热情和负责。

6. 快速响应乘客事务

车站员工一旦得知有乘客事务需要处理，必须在 3min 内赶到现场。这 3min 的时间限制非常重要，它关系到乘客问题能否得到及时解决，以及乘客对地铁服务的满意度。比如，有乘客在站台不小心摔倒受伤了，或者有乘客在车厢内突发疾病，接到通知后，工作人员要立刻放下手中其他非紧急事务，以最快的速度赶到现场。到达现场后，要迅速查看乘客的情况，采取相应的救助措施，如联系急救人员、安抚乘客情绪等，为乘客争取宝贵的救助时间。

7. 关爱特殊群体

针对特殊群体（含老年乘客、儿童乘客及行动不便者），要格外关注并及时给予帮助。老年乘客可能对地铁的乘车流程不太熟悉，小孩可能会在地铁站内迷路或者感到害怕，行动不便的乘客在使用楼梯、自动扶梯、无障碍设施等时可能会遇到困难。作为地铁员工，要主动观察这些特殊群体的需求，比如帮助老人提重物、引导小孩找到正确的乘车方向、协助行动不便的乘客使用无障碍电梯或者无障碍通道等，尽最大努力避免发生客伤事件。例如，看到一位坐轮椅的乘客在进站口不知所措，要立刻主动上前询问是否需要帮助，并全程陪伴引导其顺利进站乘车，让特殊群体在乘坐地铁时也能感受到温暖和便利。

8. 劝导不文明行为

如果发现有乘客做出违反《城市轨道交通管理条例》《城市轨道交通乘客守则》等法规规定的不文明行为，要及时进行劝导和制止。这些不文明行为包括在车厢内大声喧哗、随地吐痰、乱扔垃圾、插队、在车厢内饮食等。比如，在车厢巡视时，发现有乘客在大声外放音乐，影响其他乘客的安静乘车环境，就要礼貌地走到该乘客身边，提醒其遵守乘车规定，将音乐声音调小或者佩戴耳机。在劝导时，要注意方式方法，既要让乘客认识到自己的错误行为，又要避免与乘客发生冲突，以维护地铁内良好的乘车秩序和环境。

9. 规范制服员工乘车行为

穿着制服的员工在乘坐城市轨道交通工具时，不能占据座位，要把座位留给有需要的乘客。这是因为地铁员工穿着制服代表着地铁的形象，应

笔记区

该以身作则，展现出良好的道德风尚。即使在车厢比较拥挤、自己也很疲惫的情况下，也不能去坐那些空着的爱心专座或者普通座位。要始终站在车厢内，为乘客树立榜样，让乘客看到地铁员工不仅在工作岗位上认真负责，在日常生活中也同样遵守公共秩序，关心他人。

二、用语标准

1. 通用语言与文明用语规范

地铁员工服务要用普通话，方便各地乘客。若乘客用方言或外语且听不懂普通话，需灵活应对。交流时牢记"十字"文明用语，如见乘客来先说"您好"，请乘客配合说"请"，得到配合说"谢谢"，失误说"对不起"，结束交流说"再见"。严禁使用不礼貌的服务忌语，以免伤害乘客、损坏地铁形象。

服务用语要求

笔记区

2. 交谈仪态与语言表达

与乘客交谈时要注视对方，以示尊重。说话应字正腔圆、吐字清晰、声调柔和。例如，乘客问列车到达时间，要清晰温和地回应；遇到外国乘客，可借助站内指示牌，配合简单英语或手势，助其理解乘车信息，完成服务。

3. 恰当使用称谓

与乘客交谈，按身份选择合适称谓。男性称"先生"，女性称"女士"，小朋友称"小朋友"，年长男性称"大爷"，女性称"阿姨"。例如，看到老年女性找出口，可以说"阿姨，我给您指路"。

4. 人工广播规范

车站或列车人工广播必须用普通话，语速、语调、音量要适中，吐字要清晰，内容要简洁。例如，对于设备故障的通知，要告知关键信息。同时，要合理设置播放音量与频次，不用便携式扩音器答问，手提广播不对着乘客耳朵呼喊，文明规范服务。

三、着装标准

1. 工作制服穿着规范

上班处在乘客能看到的服务区时，地铁员工必须依照规定，统一穿上工作制服，并佩戴好工装配件，像领带、领花、头饰、臂章这些都不能少。正常情况下，工作制服只能在工作地点和工作时间穿。若非工作时间

还穿着工作制服，行为举止就要和上班时一样规范。除了特殊情况，在车站公共区域，大家的工作制服穿着类型要保持一致，这样能让乘客感受到整齐、专业的形象。

2. 制服着装细节要求

穿着制服时，保证衣物干净整洁、没有破损。扣子要齐全，不能立着衣领，也不能挽起袖子和裤腿。按规定，要穿黑色皮鞋，搭配深色或者肉色且颜色不扎眼的袜子，系黑色皮带。上衣下摆一般要束进裤内，不过女员工单穿短袖衬衣时可以例外。皮鞋要时刻保持干净、有光泽，鞋跟高度不能超过 3cm，不然既影响工作行动，也不符合着装规范。

3. 特殊人员着装规定

对于车站志愿者、实习生及制服没有发下来的站务员，着装也有要求。要穿浅色上衣、黑色长裤和黑色皮鞋。发型不能怪异，女生长发要挽成一个团固定好。如果穿着马甲，里面衣物的下摆不能露在马甲外面，别穿连帽衣服，不穿奇装异服，不穿打底裤，裤长要超过脚踝，不能穿靴子，高跟鞋鞋跟不能超过 3cm，保持着装得体、大方。

4. 服务标识佩戴规范

佩戴服务标识时，要保证干净、没有损坏。绶带要挂在左肩上，臂章要平整地戴在左臂，不能歪着或者倒着。在岗期间，必须佩戴员工卡，一般用挂绳挂在外衣胸口正前方，方便乘客识别工作人员身份。

5. 发型规范

发型要整齐利落，不能剃光头。刘海不能长到遮住眼睛。染发和烫发的颜色、样式不能太显眼、太夸张。男性不能留长发，女员工若头发长过肩膀，就要用头饰发网把头发挽起来，整体发型要符合工作场合的端庄形象。

6. 仪容细节要求

不能留长指甲，也不能涂有颜色的指甲油。除了因为工作需要，比如引导乘客看信号灯等，或者有眼疾，否则不能戴有色眼镜或有色隐形眼镜。女员工要化淡妆，妆容应自然大方；男员工要保持清爽的面容，不能留胡须。

7. 饰品佩戴规范

女员工穿着制服时，只能戴样式简单大方的项链，且不能让项链露在制服外面。可以戴一枚款式简单的戒指、一副没有吊坠且直径不超过 1cm

笔记区

的耳钉，还能戴一个简单的手镯，其他像手链之类的饰品，以及款式夸张的项链、戒指，都不允许佩戴。男员工则只允许戴一枚简单的戒指，避免饰品过多或夸张影响工作形象。

8. 手表佩戴规范

佩戴的手表，造型和颜色都不能过于夸张。选择简洁、大方的款式，既能方便看时间，又不会因为太花哨而显得突兀，与整体着装风格相协调。

9. 纹身相关规定

只要是衣着外露的部位，如手、脖子等，都不允许有纹身。地铁作为公共服务行业，员工的外在形象要符合大众审美和职业要求，纹身可能会给乘客带来不好的观感，所以要严格遵守这一规定。

笔记区 ✐

四、仪态标准

1. 站姿规范

身为地铁员工，在站立时，要时刻保持挺拔的姿态，就像一棵笔直的松树，给人以精神饱满、专业可靠的印象。双手应自然下垂，轻轻贴在身体两侧，双腿也要并拢站好。千万不能背着手，这会显得傲慢；手也不能插进口袋里，否则会让人觉得你态度散漫；更不能随意把手搭在周围的物品上，如栏杆、售票机等，这样的姿势既不美观，也不符合服务人员的形象要求。无论是在站台引导乘客，还是在客服中心值守，标准的站姿都能展现出你对工作的认真和对乘客的尊重。例如，当你站在站台边缘，提醒乘客注意安全时，挺拔的站姿能让你的话语更具说服力，同时能让乘客感受到地铁服务的专业性。

2. 坐姿要求

工作中需要就座时，坐姿一定要端正。背部要挺直，不能整个身体靠在椅背上斜躺着，这种姿势不仅看起来慵懒，还可能在乘客需要帮助时，无法及时做出反应。也不要抖腿，抖腿这个小动作不仅显得不稳重，还可能会干扰到周围的人。另外，不要用手托腮，这会给人一种无精打采的感觉，更不能趴在桌面上，既影响工作效率，又有损职业形象。比如在票务处为乘客办理业务时，端正的坐姿能让乘客觉得你专注且专业，增强他们对服务的信任。

3. 行走姿势规范

在车站内行走时，姿势要美观文雅、自然大方。前进过程中，两眼要平视前方，始终正对前进方向，让身体保持垂直平稳的状态，给人一种稳健可靠的感觉。行走速度也要适中，既不能慢吞吞地影响工作效率，也不能过于匆忙显得慌乱。一般情况下，如果没有紧急情况，不要跑步，因为在公共区域奔跑可能会引起乘客的不安。若在行走时，有乘客向你求助，比如询问某个出口的位置，你要马上主动停下脚步，转身面向乘客，用专注的神情聆听乘客的需求，展现出积极服务的态度。例如，在通道中行走时，一位乘客上前询问换乘线路，你停下脚步，微笑着面对乘客，认真倾听并耐心解答，能让乘客切实感受到地铁服务的贴心。

4. 指引姿势规范

当需要为乘客指引方向或介绍设施位置时，一定要使用规范的指引姿势。具体而言，要将五指并拢，手掌自然伸直，手心向上，用手臂的动作清晰示意目标方向。这样的指引姿势既礼貌又明确，能让乘客快速理解你的意图，从而为他们提供优质的引导服务。例如，当乘客询问卫生间的位置时，你伸出右手，五指并拢，手心向上指向卫生间的方向，并清晰地告知乘客："您好，卫生间在那边，您往前走就能看到。"规范的指引姿势能让乘客更顺利地找到目的地，提升他们的出行体验。

五、应急情况下的服务标准

1. 应急情况认知与应对基础

应急情况，就是指应急预案里提到的各种可能出现在乘客服务区的非正常状况，如列车故障临时停车、车站内突发火灾、遭遇恶劣天气导致积水等。地铁员工必须对各种应急预案的处理流程了如指掌。一旦应急情况发生，员工必须马上行动起来，主动维持乘客的秩序。例如，在站台大声呼喊引导乘客不要慌乱，按指定路线行走。还要迅速采取有效措施，有计划地疏散站内的乘客，想尽办法最大程度地保证每一位乘客的安全。这就要求员工提前熟悉车站的各个疏散通道，知道在不同情况下该如何引导乘客快速撤离。

2. 员工自身状态与乘客安抚

在应急事态面前，员工自己一定要保持镇定。因为员工的情绪会直接影响乘客，如果员工都慌了，乘客就会更加恐慌。所以，不管面对多么紧

笔记区

急的情况，员工都要稳住心神。对于那些已经惊慌不安的乘客，员工要尽量安抚他们的情绪。可以用温和、坚定的语气告诉乘客"大家不要慌，我们正在处理，会保障大家安全的"，让乘客感受到安心。

3. 乘客疏散操作规范

当需要疏散乘客时，员工要充分利用广播、扩音器等设备。通过广播，用平稳的声音向乘客说明当前的情况，比如"各位乘客请注意，由于前方设备故障，需要大家配合疏散，请听从工作人员指挥，有序前往最近的安全出口"，以此来安抚乘客情绪。在引导过程中，要维持好疏散秩序，时刻留意乘客的流动情况，避免出现拥堵。要保证疏散安全、有序、快速，坚决防止发生拥挤踩踏事件。比如，在通道口安排专人，控制乘客通过速度，引导乘客一个跟着一个走，避免推搡。

4. 疏散中的人文关怀

在疏散的时候，员工要把乘客的安全放在首位，让乘客先行。特别是对于老、弱、病、残、孕这些特殊群体，要重点关注。看到老人行动不便，要主动上前搀扶；发现孕妇身体不适，要及时提供帮助。对于其他需要帮助的乘客，比如拿了很多行李的乘客，要尽量给予协助，帮助他们顺利疏散。

六、特殊乘客服务

1. 常规特殊乘客服务

对于老、弱、病、残、孕等特殊乘客，地铁员工要主动提供必要的服务。比如，看到老人提着沉重的行李，要帮忙提一下；遇到行动不便的乘客，引导他们使用无障碍设施，帮助他们顺利乘车。在站台，要多留意特殊乘客的情况，及时为他们提供座位，或者在上下车时给予必要的搀扶。

特殊乘客服务要求（1）

2. 无障碍预约与设施服务

车站专门为特殊乘客提供了无障碍预约服务。乘客可以拨打服务热线提前预约，也能在现场提出服务需求。车站配备了无障碍电梯、牵引机、无障碍渡板等设备设施，方便特殊乘客出行。如果特殊乘客有需要，车站工作人员要及时开启相关设施，并在必要时提供人工服务，比如陪同轮椅乘客乘坐电梯，确保他们安全到达目的地。

特殊乘客服务要求（2）

3. 处理无民事行为能力乘客

若车站工作人员发现走失的儿童、无人监护的智障人员等无民事行为

笔记区

能力的乘客，则要想尽办法联系他们的监护人。可以通过车站广播寻找，也可以在乘客可能走失的区域询问其他乘客。若实在联系不上监护人，则必须立即上报公安机关，绝不能对乘客置之不理，要全力保障他们的安全。

4. 应对乘客身体不适

当遇到乘客身体不适时，员工要第一时间提供必要的帮助。比如，乘客突然晕倒，应立即查看其状况，呼叫周围乘客协助，并同步联系车站的急救人员。如果情况严重，应立即拨打120急救电话，并且在等待过程中，尽可能为乘客提供舒适的环境，比如让乘客平躺在通风良好的地方，解开其衣领等。

笔记区

诚暖客心

站务员小李：耐心指导购票与换乘

小李是北京地铁站的一名站务工作人员。某日，一位第一次乘坐地铁的乘客不会使用自动售票机，小李主动上前询问并热情帮助。她详细指导乘客购票，随后又带领乘客到刷卡进站处，教其如何刷卡进站。当乘客询问换乘方法时，小李耐心地讲解并提醒注意事项。乘客离开时，小李礼貌送别，乘客对她的服务非常满意。

站务员小张：热情服务售票窗口

小张是北京西二旗地铁站的一名站务工作人员。她在上岗前会仔细检查仪容仪表，保持微笑。面对排队的乘客，她总是用"您好"开头，双手接过现金迅速处理后，将车票和找零整齐地递回乘客手中，并提醒乘客查看显示屏内容。乘客离开时，她会微笑地说"请慢走"，让乘客感受到贴心服务。

站务员老王：暖心服务

老王是北京地铁东四站的站台服务人员。他总是用幽默的段子和温暖的问候服务乘客，每次说完服务用语都会加上一句"旅途平安"，并在列车启动时手指确认安全。他的热情和用心让乘客感受到家的温暖，成为乘客眼中的"亲人"。

任务考核

班级		姓名		学号	
小组分工				日期	

任务描述	模拟车站工作场景，依据人员服务标准，处理乘客事务、应对应急状况及服务特殊乘客等任务。 任务要求： 严格遵循行为、用语、着装、仪态等标准，高效妥善完成任务，展现专业服务水平，并完成考核。
任务准备	一、选择题 1. 员工处理乘客事务时，须在（ ）内到达现场。 　　A. 2min　　　　B. 3min　　　　C. 5min　　　　D. 10min 2. 服务用语中禁止使用的设备是（ ）。 　　A. 普通话广播　　　　　　B. 便携式扩音器 　　C. 乘客服务区指示牌　　　D. 手提广播 3. 男性员工着装时，皮鞋跟高不得超过（ ）。 　　A. 2cm　　　B. 3cm　　　C. 5cm　　　D. 不限 4. 员工仪态标准中，指引乘客时应采用的手势是（ ）。 　　A. 手心向下，五指分开　　B. 手心向上，五指并拢 　　C. 握拳竖起大拇指　　　　D. 单手叉腰 5. 应急疏散时，员工应优先关注（ ）。 　　A. 年轻乘客　　　　　　　B. 携带行李的乘客 　　C. 老弱病残孕　　　　　　D. 独自乘车的乘客 6. 发现无民事行为能力的乘客（如走失儿童），车站应首先采取的措施是（ ）。 　　A. 直接报警　　　　　　　B. 联系监护人 　　C. 广播寻人　　　　　　　D. 将其带至休息室 二、填空题 1. 行为标准中要求员工严格执行_____制度，交清本工作范围内相关事项。 2. 用语标准中，与乘客交流时应先说"_____"，以示礼貌。

笔记区

续上表

任务准备	3. 着装标准中，员工穿着制服时，上衣下摆应束入裤内，但＿＿＿＿除外。 4. 仪态标准中，行走时应保持两眼平视，正对前方，身体保持＿＿＿＿平稳。 5. 应急情况下，员工应通过广播、扩音器等设备安抚好乘客情绪，引导乘客＿＿＿＿疏散。 6. 特殊乘客服务中，车站提供＿＿＿＿预约服务，为特殊乘客提供方便。
任务实施	通过模拟场景或实际操作，考核员工对服务标准（行为、用语、着装、仪态、应急处理及特殊乘客服务）的实际执行能力，评估其规范性、及时性、专业性及突发情况下的应变表现，确保服务符合规定要求。 小组内互评，小组长打分，并交流经验。

任务评价	城市轨道交通车站人员服务标准评价表		

城市轨道交通车站人员服务标准评价表

评价项目	评价标准	分值（分）	得分（分）
投诉受理	遵纪守法，按时到岗	10	
	不做无关事，执行首问责任制（如使用电子设备、进食等）	10	
	帮助特殊群体，劝阻不文明行为	5	
用语标准	使用普通话及文明用语	10	
	恰当称谓，规范广播	10	
着装标准	统一整洁，按规定搭配	10	
	发型妆容，纹身饰品规范	10	
仪态标准	站姿、坐姿、行走姿势规范	10	
	指引动作规范	5	
应急处理	熟悉流程，镇定安抚乘客	5	
	引导疏散，重点关注特殊群体	5	
特殊乘客服务	提供必要服务，无障碍预约	5	
	处理走失及身体不适情况	5	
合计		100	

任务二
落实站务综合服务礼仪

知识准备

本项目聚焦地铁车站站务综合服务礼仪。站厅服务涉及设备巡视、乘客引导等多职责，工作人员需保持良好姿态与服务态度。自动售票机、进出闸口、票务及站台服务各有规范，如为乘客指引购票流程、处理进出闸异常、提供票务服务、保障站台安全等。通过模拟多种乘客场景实训，考核站务人员的服务姿态、语言运用及问题处理能力，旨在提升站务整体服务水平，塑造良好企业形象，为乘客营造优质的出行体验。

一、站厅服务

站厅服务作为轨道交通运营的核心环节，其服务质量直接影响乘客出行体验。作为乘客进站接触的首位工作人员，站厅服务人员的专业形象将形成关键的"第一印象效应"。该岗位服务要求涵盖以下十个维度。

（1）持续对站厅设备、扶梯运行状况以及乘客进出站情形等展开巡视，一旦乘客有需求，要迅速给予协助。

（2）解答乘客的各类询问，帮忙解决他们面临的问题。

（3）若乘客车票存在问题，引导其前往售票处处理。

（4）承担站厅边门的管理工作。

（5）主动疏导乘客，尤其要留意突发大客流致使通道堵塞这类特殊状况。

（6）当乘客在使用车站自动售票系统时遭遇困难，需热情且耐心地为其示范操作流程，并解答疑问。

（7）倘若发现乘客携带"三品"、宠物，或者超长、超重物品打算进

笔记区

站乘车，应礼貌地加以制止，并向其阐释相关规定。

（8）厅巡人员要时刻关注乘客排队人数，及时向站长（或值班站长）汇报票亭（客服中心）、临时票亭以及自动售票设备（TVM）前的排队人数，方便站长（或值班站长）据此做出决策。

（9）积极引导进站和出站的乘客前往乘客较少的票务中心、自动售票机、闸机等地购票以及进出站。

（10）监督工作区域内的卫生状况，一旦发现问题，立即进行整改。

站务工作人员在站厅巡视期间，要注意收腹提气，目光专注地环视站厅，以此展现出饱满的精神风貌。反之，若表现得目中无人，走路时弯腰驼背、脚步拖沓，就会给乘客留下不专业、精神萎靡、工作效率低下的负面印象。

在站厅巡视过程中，工作人员需秉持"勤观察、细聆听、常巡视、善引导"的原则，全方位关注站厅动态。通过敏锐的观察力，及时发现异常状况（如设备运行异常、乘客突发状况等），主动留意需要帮助的乘客及需检修的设备；认真倾听乘客的意见与建议，为优化服务收集反馈；通过高频次走动巡视，精准掌握客流分布，引导乘客前往临时票务中心或人员较少的区域购票乘车，提升通行效率。

面对站厅内复杂的客流环境，工作人员需以细致耐心的态度应对不同类型的乘客。主动关注表现出困惑或困难的乘客，第一时间上前提供帮助。引导过程中，要注重保持得体的社交距离：面对面交流时，与乘客保持约60cm的间距（尤其与异性乘客接触时，避免侵入私人空间）；并排站立时，至少保持30cm距离，侧身面向乘客，以自然亲切的姿态沟通，配合规范的引导手势（如直臂式、斜臂式）指示方向，做到"有问必答、百问不厌"，确保信息传递清晰准确，如图5-1所示。

当发现乘客以蹲姿候车时，可主动上前轻声提醒："女士／先生，您好！候车椅就在旁边，如需休息可以坐下等候，感谢您的配合！"劝导过程中，注意语气温和亲切，善用"请""对不起""谢谢"等文明用语，结合乘客的表情与肢体语言调整沟通方式，避免生硬说教。对于不同类型的乘客（如赶时间的上班族、行动不便的老年乘客），需灵活调整服务策略，杜绝与乘客发生争执，严禁使用不文明语言；未经乘客允许，不得触碰其身体；遇态度强硬的乘客，可联系警务人员协助处理，确保服务文明规范。

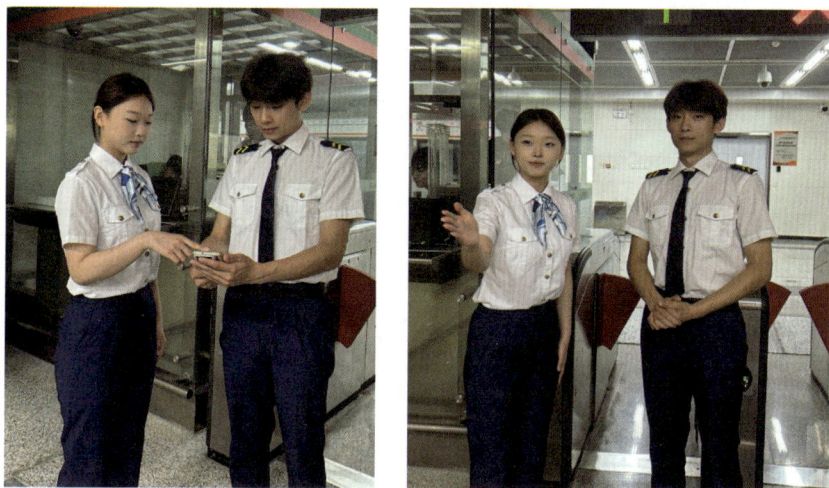

图 5-1　站厅咨询服务标准

在举止仪态方面，工作人员需保持专业形象：巡视时步幅适中、脚步轻盈，避免含胸驼背、抱膀叉腰等不良姿势，杜绝"内八字""外八字"步态；严禁三五成群扎堆聊天、使用对讲机闲聊或在站厅内无目的地游荡，以免给乘客留下"消极怠工"的负面印象。始终以饱满的精神状态和规范的服务礼仪，为乘客营造安全、有序、舒适的出行环境。

二、自动售票机购票指引服务

地铁车站的自动售票设备（TVM）通常设立在非付费区域，主要功能是支持乘客自助购买单程票，可一次性完成多张同票价车票的选购，部分城市的设备还配备地铁储值卡充值功能，为乘客提供了多元化的票务服务。

1. 购票指引服务规范

当乘客首次使用 TVM 或操作遇阻时，站务人员须主动提供协助。服务过程中，工作人员应站立于乘客左侧（空间条件允许时），与乘客保持 0.5～1m 的适宜距离，采用标准引导手势（如手掌自然舒展、四指并拢），依次指示屏幕操作界面、投币口、出票口等功能区域。指引时需清晰表述，语速适中，常用服务用语包括："您好，请问您需要购买几张车票？售票机支持×元硬币及×元、×元纸币。您的目的地是哪个站点呢？"若乘客对目的地不明确，可进一步询问："请问您具体要前往哪里？我们可以帮您查询路线。"当设备退回钱币时，需耐心解释："不好意思，这张纸

笔记区

币/硬币可能因磨损或褶皱导致设备识别困难，请您更换一张试试。"最后务必提醒乘客核对车票信息，并从出票口、找零口取走车票及余额，同时强调"原则上不直接接触乘客钱币代操作"，确保服务过程规范且安全。

2. 设备异常情况处理

若遇乘客投诉 TVM 卡币或卡票，工作人员首先需安抚乘客情绪："请您别着急，我们马上检查设备状态。"随后按流程操作：第一步，观察设备屏幕是否显示"正常服务"，排除系统故障；第二步，检查出票口及找零口是否有遗留票款，避免因乘客疏忽导致的误会；若以上检查无异常且现场客流较小时，悬挂"暂停服务"标识，开启设备维修门，通过交易记录查询具体故障原因，按《乘客事务处理规定》登记并处理，确保乘客权益得到保障。

3. 多乘客求助与高峰时段服务

当多名乘客同时寻求帮助时，需遵循"紧急事务优先、老弱病残优先"的原则依次处理，若现场情况复杂，及时通过对讲机向站控室汇报，请求增派人员支援，严禁对乘客置之不理。高峰时段需使用便携式扩音器进行客流引导，操作时保持标准站姿（挺胸收腹，手持扩音器于口部下方10cm处），吐字清晰、语气亲切，避免直接对乘客喊话造成不适。解答个体咨询时，可用手掌轻捂话筒降低音量，防止干扰周边乘客；引导客流时，采用直臂式（适用于远距离指引）或斜臂式（适用于近距离方位指示）手势，禁止单指指点，确保服务姿态专业大方。

通过标准化的操作指引与人性化的服务细节，既能提升乘客自助购票效率，也能展现地铁服务的规范性与亲和力，有效减少设备使用纠纷，优化乘客出行体验。

三、进出闸指引服务

地铁闸机作为乘客进出站的关键通道，主要分为转杆式和扇门式两类。站务人员需针对乘客使用闸机时的高频问题，提供精准、规范的指引服务，确保通行秩序与安全。下面将介绍具体服务场景及应对策略。

1. 首次使用闸机引导

对于首次乘坐地铁的乘客，工作人员应主动观察其操作困惑，及时上前协助："您好，请将车票放置在验票区域感应。"若为转杆式闸机，需补充提示："验票后请轻推转杆通行。"指引时采用标准手势（手掌伸直、四

笔记区

指并拢指向验票区），出闸时温馨提醒："右手验票后，前方通道可直接出站。"

2. 闸门/转杆误用处理

若乘客验票后未及时通过导致闸门关闭或转杆锁死，需耐心说明："您的车票需要更新，请随我到客服中心处理。"同时以手臂指引方向："客服中心在您左侧，我带您过去。"避免简单指令，确保乘客明确后续流程。

3. 闸机报警应对

当闸机因乘客提前靠近触发警报时，应第一时间上前疏导："请您后退半步，待闸门完全打开后再验票。"指引时使用直臂式手势（手臂伸直、掌心朝外示意后退区域），禁用"赶苍蝇"式单手挥赶动作，保持服务专业性。

4. 异常通行行为管理

发现钻闸、并闸等异常行为时，保持中立态度询问："您好，请出示一下您的车票。"若车票有效，提醒安全事项："为避免夹伤，请单独验票通行。"若车票异常，指引至客服中心："您的车票需要核查，请前往票务处处理。"无票乘客则引导购票："请至前方自动售票机购票，我可协助您操作。"

5. 优惠票证使用规范

检查到特殊车票使用异常时，先给予解释空间："请问您是否有其他车票需要出示？"确认违章后，规范执法流程："我是地铁执法人员，您的车票使用不符合规定（出示执法证件），根据第×条规定需补票处理，请您配合。"遇拒时及时联系警务人员，全程保持冷静礼貌。

6. 大件行李与婴儿车引导

在乘客进闸前预判需求："您携带的行李较大，建议使用宽通道闸机或边门刷卡进站。"进闸后追加安全提示："为方便通行，请到站台乘坐垂直电梯，我帮您指引方向。"引导时采用"侧行陪同"，保持适当距离同步前行。

7. 儿童身高超限处理

发现疑似超高儿童时，蹲下与孩子平视沟通："小朋友，能让叔叔看看你的车票吗？"对家长采用建议式表达："根据规定，超过 1.2m 需购票，我们可以先测量一下身高哦。"测量时使用身高标尺，语气亲切："宝贝长得真高，以后可以自己刷卡乘车啦！"避免直接质疑"逃票"，减少对立情绪。

笔记区

8. 车票异常进出闸处理

若乘客车票无法正常读写，结合闸机提示初步判断问题后指引："您的车票需要进一步处理，请携带车票到客服中心，工作人员会帮您解决。"过程中应保持微笑，避免使用"故障"等负面词汇，缓解乘客焦虑。

9. 超大物品禁入管理

应礼貌拦截携带超大物品的乘客，并耐心解释规定："根据地铁安全规定，这类物品无法携带进站，建议您选择其他交通方式出行。如需帮助，我可协助联系出租车。"若乘客不配合，站务员需引导乘客前往"乘车守则"公示牌前，逐项说明禁入标准，避免产生生硬冲突。

10. 主动响应乘客求助

观察到乘客驻足或面露困惑时，主动上前询问："您好，需要帮您查询路线吗？"或"有什么可以为您服务的？"优先关注老、弱、病、残、孕群体，主动提供帮助："您行动不便，建议乘坐垂直电梯，我带您过去。"

手势标准：采用掌式指引（手掌朝上、四指并拢）或直臂式指引，禁用单指指点，手势幅度适中、方向明确。

语言技巧：多使用"请""建议""我们"等协商式用语，如"建议您"替代"不能"，减少命令感。

冲突处理：遇乘客情绪激动时，先安抚情绪："您别着急，我们一定尽力解决。"再按流程处理，严禁与乘客发生争执。

通过标准化的服务流程、人性化的沟通方式及细节化的场景应对，站务人员可有效提升闸机通行效率，减少票务纠纷，为乘客提供安全、便捷的出行体验。

四、票务服务规范与操作指南

票亭（客服中心）作为车站票务服务的核心区域，通常设立于站厅两端，承担着双向服务职能：面向非付费区乘客提供零钱兑换、储值票发售、特殊单程票售卖、行李票办理、发票提供及信息咨询；针对付费区乘客则负责车票异常处理、补票等业务。当同时接待两类乘客时，遵循"先付费区后非付费区"的服务优先级原则。

1. 岗位服务技巧与效率提升

1）客流高峰应对

排队乘客较多时，需加快兑零及售票操作效率，避免在客流高峰时段

笔记区

进行交接班。

当客服中心前排队超过 10 人或队列持续 3min 以上时（以 8 人以上为标准），立即联系值班站长或巡视岗，请求增派人员支援或启动广播引导分流。

2）票款管理细节

利用兑零间隙将硬币整齐码放成圆柱状，置于票务凹槽内，避免零散堆放，方便乘客快速取用，禁止抛掷或丢弃硬币。

实时监控零钱及车票存量，不足时及时告知值班员补充，确保售票及兑零业务顺畅进行。

3）分区服务原则

优先处理付费区乘客事务，对非付费区等候乘客需礼貌说明："请稍候，我马上为您办理。"

依据乘客需求所在票亭位置（如东端或西端），对应区域的工作人员需及时响应，快速处理车票问题并完成边门开启登记。

2. 服务礼仪与操作规范

1）仪容举止要求

保持上身挺直，禁止脱鞋或跷二郎腿，腿部姿态端正。乘客抵达时，主动面向对方问候，通过自然亲切的眼神交流和温和语调传递欢迎之意，避免全程背对乘客操作电脑。

严格使用"您好、请、谢谢、对不起、再见"十字文明用语，"唱收唱报"时身体微转向乘客，控制麦克风距离，确保音量适中、吐字清晰。

2）物品递送规范

（1）递笔礼仪：打开笔帽后，以右手拇指、食指、中指三指轻握笔杆，笔尖朝向自身递出，同时左手配合"请"的手势，严禁将笔尖对准乘客或随意抛扔至凹槽。

（2）票款递送：递送车票、零钱、发票时，上身略前倾，目光注视乘客手部，以票面正向递送。找零遵循"小面值在上、大面值在下"的顺序叠放，轻拿轻放避免掉落。

3）岗位交接流程

如需离开窗口或交接班，选择客流低峰时段或无乘客等候时进行，提前摆放"暂停服务"或"交接班，请稍候"告示牌。

离岗前退出业务系统，锁闭抽屉、钱箱及票亭门，确保台面无遗留票据、票款及车票，保持岗位整洁。

3. 服务细节与乘客体验优化

通过规范的肢体语言（如指引时使用掌式手势而非单指）、清晰的语言表达及高效的业务处理流程，票务岗位人员需在方寸窗口间展现专业服务形象。从硬币码放的细节到交班流程的严谨，每个环节均需体现对乘客的关注，确保票务服务既符合操作规范，又传递人文关怀，成为车站服务的重要文明窗口。服务细节如图5-2~图5-4所示。

图5-2 站务人员售票服务示范

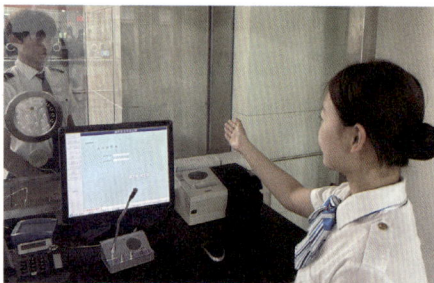

a)正确示范

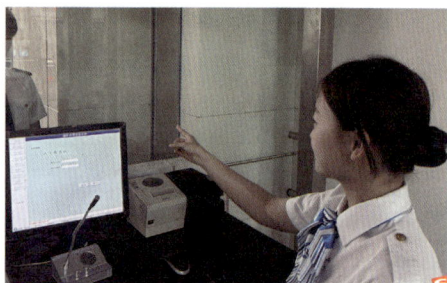

b)错误示范

图5-3 指引方位示范

图5-4 递送物品

4. 标准化服务用语规范

站务人员在执行售票及兑零工作时，除需遵循公司规定的操作流程并保持良好服务姿态外，还需熟练掌握各类场景下的规范用语，确保与乘客沟通清晰、礼貌、专业。

1）票款兑换与处理

（1）硬币兑换。递币时清晰告知金额："收您××元，找零××元，请核对。"将硬币整齐码放成圆柱状递出，避免零散放置或抛丢。

（2）零钱不足应对。若零钱储备不足，主动与乘客协商："您好，请问您是否有小额零钱？"或"抱歉，当前零钱余额有限，可能需要为您搭配硬币找零，您看可以吗？"（工作中需实时关注零钱存量，及时申请补充以保障服务效率）。

（3）残币/假币处理。收到无法识别的钱币时，礼貌提示："不好意思，这张钞票暂时无法使用，请您更换一张，谢谢！"

2）票务销售与咨询

（1）储值票发售。展示车票时同步说明："您好，这是××元的储值票，请核对屏幕信息。"完成交易后提醒："找零××元，请拿好车票和零钱，票款请当面清点。"

（2）票价查询。询问乘客目的地："请问您要前往哪个站点？"或"您的目的地是哪里呢？"确认后告知："女士/先生，您到××站的票价为××元。"

（3）往返票说明。解释票务规则时保持耐心："很抱歉，地铁暂不提供往返票，单程票仅限购票当日在本站使用，请您按需购票。"

（4）储值票使用规则。回应多人使用问询时明确说明："储值票实行一人一卡制，暂不支持多人同时使用，请您理解。"

3）异常票务处理

（1）超程/超时补票。根据闸机提示告知乘客："您的车票已超程/超时，按规定需补缴车费××元，请您配合处理。"

（2）付费区优先服务。同时接待两类乘客时，向非付费区乘客致歉："抱歉，请您稍候，我处理完当前事务立即为您服务。"

（3）儿童乘车规则。解答半票问询时详细说明："根据规定，身高1.2m以下儿童可由成人免费携带一名乘车，超过身高需购买相应车票。"

（4）票亭购票指引。引导自助购票时清晰指引："单程票需在自动

笔记区

售票机购买，您可在此兑换零钱后前往操作；储值票可直接在本窗口办理。"

（5）过期车票处理。回收过期单程票时解释："单程票仅限购票当日使用，您的车票已过期需回收。如需乘车，请重新购买新票。"

所有沟通场景均需使用"您好、请、谢谢、抱歉、再见"等文明用语，避免生硬表述。与乘客交流时保持正视对方，语气温和，确保信息传递准确且富有人文关怀，通过规范化语言提升乘客对服务的信任度与满意度。

站台岗岗位职责

笔记区

五、站台服务规范与安全管理

站台作为乘客聚集的核心区域，是车站服务的关键防线，尤其在高峰时段需兼顾安全管控与服务礼仪，以"安全第一、文明引导"为准则，构建有序的乘车环境。

1. 核心工作内容与安全职责

站台工作人员需保持标准站姿，禁止倚靠、背手、叉腰等不良姿态，专注履行以下职责。

1）动态监控与应急处理

密切观察列车运行状态、候车乘客行为，重点防范乘客翻越轨道、进入隧道、倚靠屏蔽门、抢上抢下及物品掉落轨道等风险，发现异常立即采取阻止措施或联系车控室，杜绝夹人夹物等安全隐患。

2）秩序维护与安全引导

持续宣传安全候车规则，引导乘客在黄色安全线内排队，远离屏蔽门站立，避免抢上抢下；针对客流密集区域，及时引导乘客至人少的站台两端候车，防止拥挤。

3）异常情况响应

发现设备故障（如车门、屏蔽门异常），迅速张贴"暂停使用"标识或摆放警示牌，配合司机完成故障处理；遇乘客身体不适、纠纷冲突等突发状况，优先提供帮助或联系专业人员，避免正面冲突。

4）特殊乘客关怀

主动为老、弱、病、残、孕等乘客提供协助，如引导使用无障碍设施、帮助搬运行李；提醒行动不便者乘坐垂直电梯，劝阻其使用扶梯时强调"靠右站稳扶好"。

站台多为岛式结构，部分未设屏蔽门的车站需加强安全广播，使用扩音器时调整音量避免刺耳，乘客靠近咨询时关闭设备，确保沟通清晰无干扰。巡视时保持步伐均匀、抬头挺胸，采用"三步一回头"方式全面掌控站台动态，及时发现潜在风险。

2. 标准化服务用语及场景应用

针对不同服务场景，站台人员需使用规范、温和的语言，配合适当距离（1~1.5m）与肢体指引，确保乘客感受到安全与尊重。

1）候车安全引导

列车进站前："请各位乘客在黄色安全线内排队候车，请勿倚靠屏蔽门，感谢您的配合！""当前站台客流较多，请前往右侧空区候车，有序排队更安全！"

乘客越线时："为了您的安全，请回到黄色安全线内，勿在屏蔽门与黄线间放置物品，谢谢！"

2）上下车秩序维护

列车到站："请先下后上，注意列车与站台间隙，小心脚下安全！"

车门即将关闭："车门即将关闭，未上车的乘客请等候下一趟列车，请勿越线！"

3）突发情况应对

物品掉落轨道："请不要着急，我们会立即联系工作人员协助处理，请您在安全区域等候。"

儿童奔跑打闹：（俯身与孩子平视）"小朋友，站台地面较滑，要牵好家长的手哦！"（对家长）"请照看好孩子，避免在站台追逐，感谢配合！"

4）特殊时段提醒

末班车进站："开往××方向的末班车将于××：××发车，请需要乘车的乘客尽快上车。"

运营结束："今日列车服务已结束，请各位乘客有序出站，感谢您的理解！"

服务过程中保持语速适中、态度亲切，禁用命令式语气，避免主动触碰乘客身体。通过高频次、多角度的安全提示与文明引导，站台人员需在保障乘客人身安全的同时，传递地铁服务的专业性与人文关怀，打造安全有序的乘车环境，如图 5-5 所示。

笔记区

图 5-5　文明劝导

📖 **躬身践礼**

在一次突发事故中，哈尔滨客运段有 18 趟列车受阻，其中晚点超过 10 个小时的有 7 趟。天津车队担当的大连临客在开原站受阻 4 个多小时，4 号车厢的乘客情绪激动，车长受到围攻和谩骂。他在这节车厢向乘客鞠躬 30 多次，最终感动了乘客。为了保证餐饮的正常供应，每位服务人员在早晨只喝了一碗粥，便继续为乘客提供细致的服务。这种精神感化了乘客，乘客主动帮助服务人员清理车厢卫生，还组织了义务宣传队，到各车厢宣传文明乘车，最终列车安全到达目的地。

从上述事件可以看出，在面对乘客的不满情绪和过激语言时，服务人员不仅代表铁路进行道歉，还通过良好的服务稳定了乘客情绪、化解了矛盾。这种精神体现了铁路服务人员的职业素养和责任感，同时展现了乘客与服务人员之间相互理解与合作的良好氛围。

笔记区

📖 **任务考核**

班级		姓名		学号	
小组分工				日期	

任务描述

　　模拟地铁站务员在站厅、自动售票机、闸机、票亭及站台的真实服务场景，处理乘客咨询、购票指引、进出闸异常、票务问题及安全引导等任务。

　　任务要求：

　　考核服务规范（姿态/语言/距离）、流程熟练度（购票/补票/设备指引）、应急处理（大客流/设备故障/乘客冲突）及特殊乘客服务能力，并完成考核。

任务准备

　　一、选择题

　　1. 站厅岗工作人员在巡视时，发现乘客携带"三品"进站，应（　　）。

　　　A. 直接没收物品　　　　　　B. 礼貌制止并解释相关规定

　　　C. 视而不见　　　　　　　　D. 强行驱赶乘客

　　2. 当乘客对使用车站自动售票系统有困难时，站务人员应站在乘客（　　），与乘客保持适当距离进行指引。

　　　A. 右手边　　　　　　　　　B. 左手边（空间允许前提下）

　　　C. 正前方　　　　　　　　　D. 随意位置

　　3. 乘客在进出闸时，若闸机报警，站务人员应如何指引？（　　）

　　　A. 让乘客赶紧离开闸机

　　　B. 用"赶苍蝇"式手势让乘客后退

　　　C. 说"乘客您好！请您向后退一点再验（检）票。"并使用引导手势

　　　D. 直接帮乘客操作闸机

　　4. 票亭（客服中心）工作人员为乘客服务时，同时有付费区和非付费区乘客等候，应按照（　　）原则服务。

　　　A. 先非付费区后付费区

　　　B. 先付费区后非付费区

　　　C. 谁先到先服务谁

　　　D. 随机选择

笔记区 ✏️

任务准备	5. 站台工作人员在列车进站前及进站时，应说的常用服务用语不包括（ ）。 A. "各位乘客/先生（女士），为了您和他人的安全，请站在黄色安全线内排队候车，多谢合作！" B. "各位乘客/先生（女士），为了您的安全，请勿倚靠屏蔽门，多谢合作！" C. "各位乘客/先生（女士），由于现在站台乘客较多，请到站台乘客较少的地方候车，多谢合作！" D. "各位乘客，请抓紧时间上车，列车马上就要开了！" 6. 当发现乘客违章使用特殊车票时，站务人员首先应（ ）。 A. 直接罚款 B. 查验其使用车票并提示是否有其他车票 C. 找警务人员配合执法 D. 认定乘客逃票并批评教育 二、填空题 1. 站厅巡视时，站务人员应保持饱满的精神状态，目光要_____，避免目空一切或走路驼背。 2. 当乘客对使用自动售票机（TVM）有困难时，站务人员应站在乘客_____（位置）进行指引。 3. 在站台服务中，站务人员应提醒乘客站在_____内排队候车，不要倚靠屏蔽门。 4. 当乘客询问小孩是否需要购票时，站务人员应告知：小孩身高超过_____需购票。 5. 在票亭服务中，站务人员应优先处理_____区乘客的需求。
任务实施	旨在评估站务人员在站厅、自动售票机、进出闸、票务服务和站台服务等方面的服务规范执行情况，包括服务姿态、语言、处理技巧和引导技巧等，确保其能高效、专业地为乘客提供优质服务。 小组内互评，小组长打分，并交流经验。

笔记区

续上表

城市轨道交通站务综合服务礼仪评价表				
评价项目	子项目	评价标准	分值（分）	得分（分）
任务评价				
	巡视姿态	收腹提气，目光聚焦，步伐轻盈，避免驼背、拖地等不良姿态	5	
	主动服务意识	主动观察乘客需求，及时提供帮助，避免"游手好闲"或扎堆聊天	5	
站厅服务礼仪	引导手势与距离	使用规范引导手势，保持与乘客60cm的距离，避免侵入私人区域	5	
	文明劝导	劝导语言温和，使用"请""谢谢"等文明用语，避免与乘客争辩或使用粗言秽语	5	
	服务姿态	站立位置合适（乘客左手边），保持适当距离，使用引导手势	5	
自动售票机购票指引服务	服务语言	语言清晰、礼貌，常用语如"请问您准备好零钱了吗？""请取出车票和找零。"	5	
	购票流程指引	按步骤指引乘客购票，确认金额、投币、取票等环节无误	5	
	应急处理	遇到卡币、卡票等情况时，及时安抚乘客并按规定处理	5	
	初次使用闸机指引	耐心指引乘客验票、推动转杆，使用规范语言和手势	5	
进出闸指引服务	闸机报警处理	及时引导乘客后退验票，避免使用"赶苍蝇"式手势	5	
	大件行李与婴儿车指引	提醒乘客使用阔闸机或边门，指引使用厢梯，确保安全	5	
	乘客求助响应	主动询问乘客需求，提供准确指引，避免冷漠或敷衍	5	

笔记区

续上表

评价项目	子项目	评价标准	分值（分）	得分（分）
任务评价				
票务服务礼仪	服务姿态	上身直立，腿部姿势规范，避免脱鞋或跷二郎腿	5	
	文明用语	使用"您好、请、谢谢、对不起、再见"等十字文明用语，语气温和	5	
	递送物品规范	车票、找零、发票等物品递送时文字正向乘客，轻拿轻放	5	
	应急处理	遇到零钱不足、残币等情况时，礼貌解释并提供解决方案	5	
站台服务礼仪	安全宣传	使用扬声器宣传时声音清晰、不刺耳，提醒乘客注意安全	5	
	巡视与引导	步伐均匀，抬头挺胸，密切关注乘客动态，及时引导客流	5	
	应急处理	发现异常情况（如物品掉落轨道）时，及时安抚乘客并联系处理	5	
	文明劝导	劝导语言温和，避免与乘客发生冲突，必要时联系警务人员	5	
合计			100	

笔记区

参 考 文 献

[1] 吴静,刘菊美.城市轨道交通客运服务与礼仪[M].北京:中国电力出版社,2017.

[2] 高蓉.城市轨道交通服务礼仪[M].2版.北京:人民交通出版社股份有限公司,2017.

[3] 熊卫平.现代公关礼仪[M].3版.北京:高等教育出版社,2011.

[4] 陈威.商务礼仪[M].北京:对外经济贸易大学出版社,2009.

[5] 北京地铁运营三分公司.站务员岗位基础知识[M].北京:人民交通出版社股份有限公司,2018.